Objectif
GLOW UP

Création maquette et mise en pages : Bénédicte Souffrant – PCA-CMB.

ISBN : 978-2-492847-49-3

www.editions-tredaniel.com
info@guytredaniel.fr
www.facebook.com/editions.tredaniel
@goodmooddealer

Claire Latour

Objectif GLOW UP

La méthode pour révéler ton potentiel et rayonner !

GOOD MOOD DEALER
By EXERGUE

Sommaire

Introduction ... 7

Le Glow Up commence de l'intérieur ... 13

Pourquoi je ne te souhaite pas d'être « la meilleure version de toi-même » ... 15

Acceptation de soi : fais la paix avec toi-même ... 16

Connais-tu la loi de l'attraction ? ... 22

Le vision board, une façon d'imager ses projets ... 29

L'importance de la gratitude ... 36

La confiance en soi ... 42

La zone de confort, comment en sortir ? ... 47

Le mindset, késako ? ... 53

La motivation et l'autodiscipline ... 56

Les habitudes qui empêchent de Glow Up ... 59

S'affirmer en tant que femme ... 65

Bien-être et Glow Up ... 71

La règle du 80/20 ... 73

Le sommeil ... 74

L'activité sportive ... 77

La relaxation, un indispensable bien-être ... 88

L'alimentation ... 94

Le matcha et ses bienfaits ... 100

Les smoothies, c'est bon pour la santé ? ... 103

Glow Up ton style 109

La morphologie 111
La colorimétrie 118
Trouver son style 121
Comment s'inspirer ? 127
Comment affirmer son style ? 134
La garde-robe capsule 137
Trier son dressing 142
Les uniformes 146
Le mix and match 147
Le layering 151
Les accessoires pour pimper son style 155
La seconde main & l'upcycling 158
Être à l'aise dans son corps 162

Let's Glow ! 165

Comment fonctionne la peau ? 167
Les types de peau 169
Prendre soin de sa peau : les règles de base 172
Prendre soin de son corps 177
La trousse des indispensables make up 183
Prendre soin de ses ongles 186
Les recettes de mamie 189

Conclusion 197
Remerciements 201
Table des matières 203

Introduction

Je m'appelle Claire Latour et je suis créatrice de contenu sur les réseaux sociaux depuis 2008. J'ai commencé par un premier blog, puis un second et enfin mon blog actuel : clairelatour.com.

J'ai vu pendant toutes ces années évoluer les réseaux sociaux, les thématiques changer, les tendances et les algorithmes se renouveler. Ma passion, elle, n'a fait que se renforcer. Mon contenu s'est lui-même énormément transformé, de blogueuse je suis passée à instagrameuse puis tiktokeuse. Mais certaines choses n'ont pas bougé dans le temps. Ce que j'aime ? Le partage, la créativité, l'échange, la passion. Je partage du contenu mode, beauté et, ce qu'on appelle communément dans le jargon, « lifestyle », aka un fourre-tout de toutes les thématiques du quotidien. Mais très rapidement, j'ai compris ce que j'aimais le plus : aider.

Petite, j'ai grandi avec la presse féminine, notamment le magazine *Glamour*, ayant eu mon premier exemplaire entre les mains à mes dix ans. Ma mère m'arrachait les pages sexo ; de toute façon, ce qui m'intéressait, ce n'étaient que les pages mode et beauté !

Les magazines féminins me fascinaient, je rêvais d'être rédactrice mode et d'évoluer dans des bureaux de rédaction comme ceux de *Vogue* à New York. J'ai grandi dans les années 2000 avec *Le diable s'habille en Prada* ou encore *Sex & the City*. Le journalisme s'est très vite imposé à moi comme une voie de prédilection. Mais à l'époque, on disait cette voie bouchée, je me suis donc orientée vers une école de commerce.

Après un master en marketing international, j'ai décidé de m'orienter vers le mannequinat.

Je voulais révolutionner et bousculer les codes d'une industrie très installée et extrêmement discriminante.

Mon idée ? Lancer une agence de mannequinat à Paris après deux ans d'expérience dans le milieu. Je voulais qu'elle soit ouverte à tous types de profils, célébrant chaque beauté, taille, corps, particularité physique. C'est quelque chose de beaucoup plus répandu désormais, mais à l'époque c'était encore très rare, surtout en France. J'ai donc fait mon stage de fin d'études à Bruxelles, dans une agence de mannequinat familiale et très accueillante. L'agence représentait les valeurs qui m'étaient chères de tolérance et de célébration des différences.

Après avoir fini mon stage, j'ai été tout de suite prise par une agence de mannequinat à Paris pour devenir assistante au booking ; c'était une des plus grosses agences de Paris, avec un accès direct au monde de la Fashion Week et de la haute couture. J'étais passée dans la cour des grands. Malheureusement, l'expérience a été épuisante, frustrante et décourageante. Je me suis retrouvée dans un monde empli de clichés, de discriminations, de hiérarchies et de règles m'étouffant chaque jour un peu plus. À vouloir trop faire, à travailler jusqu'à pas d'heure et surtout à persister dans un milieu étriqué qui ne me correspondait pas, j'ai fait un burn-out à seulement vingt-trois ans.

Cela a été un déclencheur pour moi. Il fallait que je trouve un métier qui m'épanouisse, je n'arrivais pas à concevoir l'idée d'un emploi pérenne seulement alimentaire.

Blogueuse depuis 2008, je le faisais pour le plaisir, mon compte Instagram montant de mois en mois, mais sans réelle perspective d'en faire mon métier. J'ai fait le pari de me consacrer six mois à mes réseaux sociaux et mon blog. J'ai cumulé plusieurs jobs alimentaires : distribution de flyers, figurations diverses et variées, consulting en stratégie de réseaux sociaux, jobs en freelance de community management. Six mois après, j'avais trouvé ma stabilité et je vivais à 100 % de mes collaborations avec des marques sur les réseaux sociaux.

Mais il me manquait ce «je-ne-sais-quoi». J'étais heureuse, je faisais un métier qui me passionnait, j'avais de superbes opportunités. Cependant, Instagram évoluait différemment du milieu des blogs que j'avais connu. Il s'établissait une sorte de distance entre les blogueuses et leur communauté. De la méfiance, parfois de la jalousie, de l'incompréhension sur ce nouveau métier. Et moi, ce lien si fort avec ma communauté me manquait.

À côté, j'avais une passion : les livres de développement personnel. J'en lisais à ne plus m'arrêter. Une soif de connaissance de soi et une curiosité jamais assouvies sur le sujet. Du coaching à la PNL, en passant par la loi de l'attraction, j'ai dévoré les rayons des bibliothèques. Mais je gardais toujours en tête mes autres passions : la mode et la beauté.

J'ai fini par trouver un lien entre ces passions : le conseil en image.

Mon premier souvenir lié au conseil en image est l'émission *Nouveau look pour une nouvelle vie* de Cristina Cordula, qui relookait des personnes du style vestimentaire à la coiffure, en passant par le make up et l'attitude. J'ai voulu m'intéresser davantage à ce sujet, mais j'ai vite été heurtée par une difficulté : il y avait très peu de ressources englobant l'ensemble de ces thématiques. Souvent le look, l'apparence physique et le bien-être intérieur étaient traités séparément. Quant au développement personnel, c'était un tout autre monde.

J'ai commencé à chercher s'il existait des formations pour le conseil en image et le relooking. J'ai trouvé une formation en ligne que j'ai décidé de suivre. En même temps, l'idée d'aider des gens avec le conseil en image a commencé à germer dans ma tête. Mais qui aider ? Je me suis souvenue que chaque jour, je partageais mon quotidien à des milliers de personnes. Et si c'était eux que je pouvais aider ? Y aurait-il une demande pour ce type de conseils ? Et c'est ainsi que j'ai lancé Objectif Glow Up sur Tiktok.

L'idée d'Objectif Glow Up ? Des conseils en image reprenant des concepts que j'apprenais dans ma formation ou des mindsets que j'avais pu tirer de mes lectures de développement personnel. Très vite, j'ai été dépassée par l'engouement que cela a suscité. J'ai gagné 100 000 abonnés en quelques jours, 100 000 personnes qui voulaient évoluer et avoir des conseils.

Ça y est, j'avais trouvé mon « WHY », ce pourquoi l'on fait ce que l'on fait.

Ma certification de conseil en image en poche, j'ai très vite conseillé et aidé des milliers de personnes à s'accepter, se sentir mieux dans leur corps et leur tête. J'en ai fait ma marque de fabrique avec comme mot principal : Glow Up. Un mot qui finalement veut tout et rien dire.

Souvent, quand on parle de Glow Up, on a tendance à voir du contenu autour des relookings, des avant/après où les personnes perdent du poids, deviennent d'un coup « belles » en fonction des critères imposés par la société. Pour moi, le Glow Up est avant tout dans la tête et passe par un travail intérieur avant de se refléter à l'extérieur.

Le véritable Glow Up est pour moi un équilibre parfait entre le corps et l'esprit, l'extérieur et l'intérieur, le visible et l'invisible, le tangible et l'intangible.

Ma définition du Glow Up, c'est cette évolution positive que nous connaissons toute notre vie et qui nous permet d'être alignés avec la personne que nous sommes.

L'idée de créer la Glow up Academy et celle d'écrire ce livre me sont venues un an après avoir commencé Objectif Glow Up sur Tiktok.

J'avais envie d'aller plus loin et de fournir une ressource regroupant mes conseils et bien plus, un guide du Glow Up à destination des jeunes femmes qui comme moi ont cherché leur voie, et ainsi de faire entendre leur voix. Un guide qui leur permette d'aller à la recherche d'elles-mêmes, d'évoluer de la façon dont elles le souhaitent, qui leur donne envie de rêver grand et de vivre leurs rêves, de s'aimer et de s'accepter, de jouer avec leur apparence comme bon leur semble.

Le Glow Up, celui que j'ai choisi de t'introduire dans ce livre, est :

- continuel, c'est un équilibre de vie ;
- évolutif, car il s'adapte à tes envies dans le temps ;
- circulaire, car on apprend des autres autant qu'on leur apprend ;
- personnel, car il ne regarde que toi ;
- incomparable, il est différent en fonction de chaque personne, de la même manière que tu es unique.

Enfin, il me semble important de préciser que Objectif Glow Up se veut non toxique et bienveillante. Tu as le temps, prends-le. Aborde chaque changement un par un. Ne te réprimande pas si une mauvaise habitude (re)pointe le bout de son nez.

Je te conseille de suivre l'ordre des conseils que j'ai établi dans ce livre, car je le vois comme un processus en plusieurs étapes, mais tu peux très bien piocher les conseils dont tu as besoin au fur et à mesure de ces pages.

Enfin, j'ai voulu faire de ce livre un ouvrage interactif avec des points d'introspection qui te permettront de faire une pause dans ta lecture, pour emmagasiner toutes les informations plus facilement et partir à la découverte de toi-même.

Objectif Glow Up est comme une grande famille, un club de femmes, on avance ensemble, main dans la main. Alors si tu veux rejoindre ce club, je te laisse mes réseaux sociaux principaux :

@clairelatour
@clairelatour

Bonne lecture, Claire.

Le Glow Up commence de l'intérieur

FRESH START

Dans cette partie, je vais te montrer que le Glow Up commence avant tout de l'intérieur et te donner quelques pistes pour partir à la découverte de toi-même et t'émerveiller tout au long du chemin.

Un chemin qui sera parfois difficile, mais qui brillera au bout du tunnel, c'est promis !

Pourquoi je ne te souhaite pas d'être « la meilleure version de toi-même »

La société actuelle nous pousse toujours à être « la meilleure version de nous-mêmes », une expression que je n'aime pas trop, car elle nous pousse à ne jamais nous sentir assez bien. C'est un peu comme si on nous disait : « Ne reste pas dans ta médiocrité », selon les critères actuels de ce que la société considère comme la « meilleure version ». Pire, elle sous-entend que nous sommes toujours incomplets, pas assez performants.

En bref, cela met une pression monstre. Je vais essayer de déconstruire cette croyance moderne pour toi.

Tu n'es pas une machine, tu n'as pas à être performante sans cesse, à être dans l'activité sans repos. Tu n'as pas besoin d'être « meilleure à », tu as juste besoin d'être toi, c'est assez.

Tu as toutes les ressources nécessaires en toi pour Glow Up. Le reste n'est qu'apprentissage, déconstruction, parfois, et construction.

Alors, je te propose, grâce à mes conseils et à tous les apprentissages que tu feras dans ta vie, de n'être que des prochaines versions de toi-même.

Cette expression est beaucoup plus proche de la réalité. Dans ta vie, tu vas évoluer, changer parfois, tester et découvrir de nouvelles choses, te trouver des passions, faire des rencontres. Alors, comme un caméléon, change de couleur au gré de ta vie et de ton environnement, si tu en as envie. Et tu peux même retrouver une ancienne couleur si celle-ci te plaît davantage.

Nous sommes dans une société où la pression de la réussite est de plus en plus présente. À vingt-cinq ans, il faut avoir monté son entreprise, percé sur les réseaux sociaux, avoir une vie sociale riche et stable, avoir voyagé aux quatre coins du monde. Ce sont des clichés, mais que pensent malheureusement beaucoup d'adolescentes.

Donne le temps au temps, arrête de courir après cette meilleure version qui n'existe pas.

Acceptation de soi : fais la paix avec toi-même

L'acceptation de soi passe par l'acceptation de son physique et de sa personne dans sa globalité.

C'est un sujet dont je pourrais te parler pendant des heures, tant il peut être complexe et influencé par beaucoup de facteurs comme l'éducation reçue ou son passé.

Mais je vais essayer de te donner les clés pour un premier pas vers l'acceptation de toi, si c'est un challenge pour toi.

Le physique

Comment s'accepter physiquement ?

Nous prenons peu de temps dans notre quotidien pour vraiment nous regarder. J'aimerais que tu interrompes ta lecture cinq minutes et que tu ailles devant un miroir. Observe-toi et note ce que tu te dis dans ta tête, de positif comme de négatif.

....

....

....

....

....

....

....

....

....

....

Souvent, quand nous nous regardons dans un miroir, nous allons avoir tendance naturellement à nous focaliser sur ce qui ne va pas : « Oh, les cernes ! », « Ma coiffure ne ressemble plus à rien », « J'ai mauvaise mine ce matin. » Difficile de se focaliser sur ce qui va.

Nous passons notre temps à nous comparer, au travail, dans la rue, sur les réseaux sociaux, car l'être humain a le besoin naturel de se placer et de se classer dans la société (plus/moins beau que, plus/moins riche que, plus/moins attirant que...).

En plus de cette comparaison naturelle et quasi permanente, nous prenons très peu de temps pour nous relier à notre corps. Nous mangeons par réflexe, nous faisons du sport pour nous dépenser ou car « il faut en faire ». Nous mettons de la crème « pour ne pas avoir de rides ». Beaucoup de raccourcis, mais je vous assure que c'est ce que beaucoup de personnes pensent au quotidien.

Renouer avec son corps, c'est le premier pas vers l'acceptation de soi.

Cela peut passer par plein de méthodes, mais je te donne quelques pistes à explorer :

- Note tes qualités physiques sur des petits papiers que tu accroches sur ton miroir, je te défie d'en trouver au moins trois (un beau regard, une peau douce, de jolis ongles, de beaux pieds, bref, tout ce qui te passe par la tête !).
- Réfléchis aux raisons qui font que tu ne t'acceptes pas physiquement (est-ce qu'on t'a fait des remarques ? Est-ce ton propre regard ? Est-ce à cause des réseaux sociaux ou des médias ?). Identifier les causes, c'est enlever le premier nœud du tas.
- Donne plus de liberté à ton corps : au lieu de te tenir recroquevillée, redresse-toi, porte une jupe si tu n'en as pas l'habitude, porte une touche de couleur si tu t'habilles toujours en noir. En sortant de ta zone de confort, tu apprendras à te sentir plus à l'aise dans davantage de situations.
- Prends soin de ton corps au moins une fois par semaine : j'aborde dans les prochains chapitres de nombreuses façons de le faire. Cela peut être, par exemple, appliquer une huile sur ton corps en t'auto-massant, faire un gommage, faire une séance de sport, t'étirer, respirer en pleine conscience, faire du yoga des yeux, etc.
- Reprends conscience de la façon dont tu nourris ton corps : cela passe par l'alimentation et l'hydratation, mais aussi tout le reste comme la cigarette ou les excès d'alcool.

Ce sont quelques idées, mais je te laisse ces lignes pour que tu en exprimes d'autres afin de renouer avec ton corps :

....

....

....

....

....

De 1 à 10, comment noterais-tu actuellement le rapport que tu as avec ton corps ?

..../10

Sois en paix avec toi-même

Maintenant que l'on a vu ensemble la partie physique, passons au reste.

Être en paix avec soi-même est le travail de toute une vie parfois, parce qu'on évolue, qu'on fait des rencontres, qu'on devient adulte après avoir reçu une certaine éducation et vécu certaines expériences.

Ce serait compliqué pour moi de résumer rapidement la quête de toute une vie, mais si j'ai un conseil à te donner, c'est de ne jamais hésiter à suivre une thérapie si tu en ressens le besoin.

Il est parfois utile de se faire accompagner quand on ressent des difficultés depuis toujours, ou bien simplement à un certain moment de notre vie.

Il existe de nombreux types de thérapies possibles : psychanalyse, hypnose... à adapter en fonction de tes besoins.

Si tu te sens d'attaque pour avancer seule, je peux te donner quelques pistes.

1. Identifie tes croyances limitantes

Ce sont celles que l'on se crée soi-même ou que l'on acquiert avec notre éducation, nos expériences et nos relations.

Voici des exemples de croyances limitantes :

- De toute façon, je finis toujours seule
- Je ne suis pas capable de
- Je n'ai pas le temps de
- Je suis trop jeune/vieille pour
- Je vais rater
- Je n'aurai jamais assez d'argent pour
- Je ne suis pas assez intelligente

etc.

Il en existe des milliers.

Alors, quelles sont les tiennes ?

....

....

....

....

....

2. Deviens indulgente avec toi-même

Mets-toi dans la peau de ta meilleure amie ou de quelqu'un qui t'apprécie beaucoup. Comment te traiterais-tu ? Quels mots dirais-tu pour te décrire ?

Tu dois commencer à te voir comme ta meilleure amie et avoir les mêmes mots de soutien et d'encouragement.

Être indulgente, c'est aussi accepter que le changement, l'adoption de nouvelles habitudes, le Glow Up de façon générale prennent du temps. S'accepter comme tu es, avec tes points faibles et tes points forts, tes défauts et tes qualités, c'est entamer ce changement.

Apprends à regarder les choses telles qu'elles sont, sans les juger. Puis, entame les changements si tu en as envie et si c'est faisable. On peut adapter ou modifier beaucoup de choses, mais pour d'autres tu n'auras aucune possibilité de le faire.

Prends le temps de distinguer ce qui peut être changé de ce qui ne peut pas l'être.

Considères-tu que tu es indulgente avec toi-même ? Si non, qu'est-ce qui t'empêche actuellement de l'être ?

....

....

....

Quels mots aimerais-tu que ta meilleure amie emploie pour te décrire ?

....

....

....

Quelles sont les choses que tu veux et peux changer ? Lesquelles sont impossibles à changer ?

....

....

....

Connais-tu la loi de l'attraction ?

Imagine que tes pensées ont une influence quotidienne sur ta vie. C'est le principe de la loi de l'attraction, le lien entre la conscience et le résultat.

Le sujet de la loi de l'attraction est de plus en plus populaire aujourd'hui et on trouve énormément de contenus sur le sujet sur les réseaux sociaux. Je m'y suis intéressée très jeune, lorsqu'on trouvait encore très peu de ressources sur le sujet, à part dans les livres.

Alors, quel est ce principe ? Comment l'utiliser ? Est-ce que ça marche vraiment ?

La loi de l'attraction en quelques lignes

C'est une loi universelle qui marque le lien entre nos pensées et notre réalité : ce que l'on dit et là où l'on concentre notre énergie finiraient par devenir notre réalité.

On commence à parler vraiment de loi de l'attraction à partir du XXe siècle avec le courant de la pensée positive. En France, c'est avec notamment la Méthode Coué d'Émile Coué que la notion de pensée créatrice apparaît.

Mais la loi de l'attraction a vraiment commencé à être populaire à la sortie du livre *Le Secret* de Rhonda Byrne en 2006, où le monde entier a commencé à s'intéresser à cette loi universelle. Le livre s'est écoulé à plus de 30 millions d'exemplaires dans le monde entier. Un documentaire est même sorti en 2007 s'intitulant également *Le Secret*.

De nombreuses célébrités croient également à la loi de l'attraction comme Oprah Winfrey, Will Smith, Lady Gaga, Jim Carrey, Ariana Grande ou Tony Robbins.

Selon Einstein, les énergies se transforment sans cesse et tout est fait d'énergie. Et cette énergie a une vibration qui se dégage d'une certaine façon.

La loi de l'attraction, comment ça marche et est-ce que ça marche ?

La loi de l'attraction ne repose pas sur un fondement scientifique. Même si je crois à l'impact de l'énergie de nos pensées et de notre attention, c'est selon moi insuffisant pour réussir tous ses objectifs et devenir la personne que l'on souhaite. Mentaliser et concentrer son énergie sur des pensées positives est inutile si on n'enclenche pas des actions concrètes en même temps.

Je vois la loi de l'attraction comme un outil supplémentaire pour aller dans une certaine direction. Pas comme un moyen, plutôt comme une façon d'être. Alors, ne reste pas bloquée en attendant que ce que tu penses se réalise, surtout et avec un ensemble de pensées positives incohérentes. Pense également à agir concrètement. La pensée positive peut être toxique si nos objectifs et nos pensées ne se réalisent pas. C'est aussi normal d'avoir des pensées négatives ou une humeur maussade de temps en temps. Après tout, nous sommes humains et vivre nos émotions et les laisser nous traverser, c'est la meilleure façon de revenir plus rapidement à une énergie *feel good*.

La loi de l'attraction va fonctionner un peu comme un aimant, elle va attirer ce que l'on souhaite, mais le gros du travail est à faire par la suite. Quand on consacre nos pensées à quelque chose, notre attention sera concentrée dessus. Et viennent ensuite nos actions. Je vois la loi de l'attraction à la fois comme un aimant, mais aussi comme un boomerang. On attire également l'énergie que l'on transmet.

Est-ce que tu as déjà remarqué à quel point les relations avec les autres étaient plus simples les jours où tu es de bonne humeur, où tu souris, où tu illumines la pièce ?

Ce que j'aime avec la loi de l'attraction, c'est le fait que rien ne soit impossible. Et je trouve que c'est un principe assez vrai dans la vie. On peut tout attirer : amour, réussite professionnelle, argent, succès, en émettant les bonnes énergies, en concentrant notre attention sur nos objectifs et en alignant nos actions.

Si le principe de la loi de l'attraction te semble très abstrait, imagine-toi magicienne de ta vie. Tu es dans un monde d'opportunités et la loi de l'attraction est un cadeau qui t'est offert. Voir la vie en fonction de la loi de l'attraction, c'est s'ouvrir au monde et savoir que tout est possible. Voilà comment j'aime voir cette loi universelle et pourquoi je l'aime autant.

Comment utiliser la loi de l'attraction dans son quotidien ?

Pour utiliser la loi de l'attraction, il faut décomposer ses principes.

1. Identifier

Commence par identifier ce que tu veux et ce que tu ne veux pas dans tous les domaines de ta vie. Pour pouvoir transformer tes pensées en actions concrètes et en réalité, il faut que tu sois claire.

Thèmes	Ce que tu veux	Ce que tu ne veux pas / ne veux plus
amour		
relations sociales		
vie professionnelle		
loisirs		
santé		
argent		

Maintenant que tout est mis dans un tableau, tu as une vision globale de ce que tu veux et de ce que tu ne veux plus.

Je te propose ensuite d'observer les pensées et les activités qui te font du bien (énergies et émotions positives) et celles qui te font du mal (énergies et émotions négatives) pendant une semaine.

Le faire pendant une semaine te permettra de voir les pensées et les émotions qui reviennent souvent ainsi que celles qui arrivent plus rarement, afin de les remettre dans leur contexte pour les analyser.

MES PENSÉES DE LA SEMAINE	PENSÉES POSITIVES	PENSÉES NÉGATIVES	CONTEXTE
LUNDI			
MARDI			
MERCREDI			
JEUDI			

MES PENSÉES DE LA SEMAINE	PENSÉES POSITIVES	PENSÉES NÉGATIVES	CONTEXTE
VENDREDI			
SAMEDI			
DIMANCHE			

2. Croire

Ta deuxième étape est de croire que ce que tu as demandé va se réaliser. N'hésite pas à commencer par de petites étapes en utilisant la loi de l'attraction si tu manques de confiance en toi (si c'est le cas, rdv au chapitre dédié !).

Croire est une étape très importante, car la loi de l'attraction n'est pas un cadeau qui arrive sur un plateau en ne menant aucune action. Il faut que tu saisisses les opportunités, voire que tu les crées ! En croyant à la faisabilité de tes rêves, tu seras plus apte à être alerte sur ce qui pourrait t'aider à y arriver, que ce soit une rencontre, une conversation, une opportunité, une idée, etc.

3. Demander

Demander est la troisième étape quand tu utilises la loi de l'attraction. Maintenant que tu sais ce que tu veux et que tu t'en crois capable, il faut le demander.

Pour cette partie, tu peux le faire de façon concrète, par exemple en disant : « J'aimerais un stage dans un magazine de mode » à une personne ayant une connexion dans ce milieu. Mais aussi faire ce qu'on appelle des « demandes à l'Univers » ou tout autre nom que tu pourrais donner, selon tes croyances. C'est tout simplement émettre une intention, par exemple : « Aujourd'hui, je souhaite que mon rendez-vous professionnel débouche sur une proposition de stage. »

Même si tu n'obtiendras pas forcément immédiatement ce que tu souhaites, tu auras émis une énergie d'intention et tout ce que tu feras et diras ira dans ce sens et vers ce but.

4. Recevoir

La dernière étape est celle de la réception. Parfois, cela peut prendre du temps et tu peux écumer plusieurs échecs avant d'y arriver.

Pour recevoir, il faut que tu imagines que tu as obtenu ce que tu désirais, que tu te sentes déjà comme si ton désir s'était concrétisé.

Quand on commence par la loi de l'attraction, on peut vite être déçu et découragé quand l'on n'obtient pas ce que l'on souhaite rapidement, puis abandonner l'idée en se disant que c'est inutile et complètement loufoque.

Pourtant, en suivant bien les principes que j'ai énumérés, tu devrais soit obtenir ce que tu souhaites, soit quelque chose qui t'était destiné à la place. J'aime beaucoup dire : « Si tu ne l'obtiens pas, c'est que ce n'était pas fait pour toi et que quelque chose de mieux pour toi t'attend. »

Le vision board, une façon d'imager ses projets

La première fois que j'ai fait un vision board, je ne savais même pas que ça s'appelait ainsi. Maintenant, j'en fais pour... à peu près tout !

Le vision board est aussi appelé tableau de visualisation, et c'est à mon sens l'outil parfait pour appliquer la loi de l'attraction.

Le principe ? Projeter ses rêves et ses idées sur un support visuel pour pouvoir les concrétiser mentalement à l'aide d'images.

Pour la technique, la plus classique est de prendre un ensemble d'images et de photographies qui t'inspirent et qui représentent tes rêves et tes projets. Mais tu peux très bien dessiner, peindre, sculpter... tout est possible ! Le vision board se présente en général sous la forme de collages, je fais aussi parfois tirer des photographies que j'accroche pêle-mêle au-dessus de mon bureau ; je le vois ainsi chaque jour devant mes yeux quand je travaille.

Comment commencer un vision board ?

Je te conseille de commencer par définir tes objectifs en les listant.

- Qu'est-ce que tu veux réaliser ?
- Comment peux-tu le faire ?
- Quelles en sont les étapes ?
- Qui t'inspire ?

MON VISION BOARD

- Qu'est-ce qui te motive ?
- Quelles sont tes priorités ?
- Ce que tu veux laisser de côté ?

Ensuite, cherche des photos, des citations, des stickers, des matériaux, des dessins dans les magazines, sur internet ou encore dessine-les. Le vision board peut être une véritable petite œuvre d'art, et c'est aussi un moment fun de créativité avec toi-même !

Quoi mettre dans un vision board ?

- vie personnelle
- vie professionnelle
- envies de voyages
- vie familiale
- vie sociale
- photos d'apparence physique
- photos d'art

Quand faire un vision board ?

Encore une fois, il n'y a pas vraiment de règle pour cela. J'aime personnellement en faire un chaque début d'année civile et à la rentrée scolaire. Celui de septembre me permet de faire le point sur les avancées de mes objectifs de l'année que j'avais fixés en janvier. Mais tu peux très bien faire un vision board sur tes objectifs de vie en général, un vision board bucket list pour un été ou toute une vie !

Encore une fois, fais-toi plaisir et sois créative.

Pourquoi faire un vision board ?

Je trouve que l'outil vision board est l'un des plus simples à réaliser et à utiliser en ce qui concerne la loi de l'attraction. Il permet déjà de faire une introspection sur soi-même, car on commence par l'étape de la réflexion. Cela permet de mieux se connaître et de prendre le temps de mettre sa vie sur pause et de faire le bilan.

C'est aussi une première façon de passer à l'action et d'amorcer un changement dans sa vie. On transforme des idées et des pensées en quelque chose de tangible et de visible.

Je te conseille de mettre ton vision board dans un endroit où tu le verras régulièrement. Cela peut être au-dessus ou de sur ton bureau, dans ta chambre, en fond d'écran d'ordinateur ou de téléphone. Le fait de le voir régulièrement permettra à ton cerveau d'y penser inconsciemment. Plus tu es confrontée à ton vision board, plus ton cerveau pensera à tes objectifs et, sans t'en rendre compte, tes actions seront alignées avec ce que tu verras dessus.

Le pouvoir de la visualisation est très important, de nombreuses personnes l'utilisent, comme les joueurs d'échecs ou les sportifs de haut niveau. Aussi, de nombreuses personnalités ont fait appel aux vision boards, comme Jim Carrey, Michael Jackson ou Beyoncé.

N'oublie pas que le vision board est à toi et pour toi, il n'y a pas une seule bonne façon de le faire, il faut que le résultat te plaise et te parle.

Quelques logiciels et applications pour faire un vision board :

- Canva
- PicMonkey

- Pages ou Word
- l'application Visuapp
- l'application My Vision Board

Tu trouveras dans les deux pages suivantes des modèles qui te permettront de réaliser ton vision board et de le faire directement sur ce livre si le cœur t'en dit !

CAHIER DE NOTES

POUR INSCRIRE LES THÉMATIQUES QUE L'ON VEUT METTRE DANS SON VISION BOARD

VISION BOARD

L'importance de la gratitude

La gratitude ! Ce mot tant à la mode ces derniers temps, qu'on le voit partout dans les livres de développement personnel.

Dans notre société actuelle, nous avons une forte tendance à nous consacrer à ce qui nous manque, à focaliser notre attention sur ce qu'on pourrait améliorer plutôt que de voir ce que l'on a déjà.

On regarde sans cesse vers le futur, ou encore on ressasse le passé. Pourtant, il n'y a qu'une seule temporalité qui existe vraiment : le présent.

Alors c'est quoi, pratiquer la gratitude ?

Pratiquer la gratitude, c'est décider de focaliser son attention sur ce qui est positif et exprimer de la reconnaissance. C'est une émotion positive que l'on a souvent tendance à mettre de côté dans notre frénésie quotidienne.

Je trouve ça indispensable de préciser que pratiquer la gratitude, ce n'est pas mettre de côté toutes les émotions négatives. Ce serait au contraire contre-productif, car refréner ses émotions négatives, c'est les faire rester en nous plus longtemps que si on les avait acceptées et qu'elles nous traversaient.

En revanche, on peut, en ayant conscience du négatif et des moments difficiles, décider de focaliser notre attention et nous remémorer ce qu'il nous arrive de positif.

Il existe un lien prouvé scientifiquement entre l'expression de la gratitude et l'amélioration de la santé générale. Cela favoriserait également l'empathie et l'optimisme.

Comment pratiquer la gratitude dans son quotidien ?

Au début, cela peut être compliqué à intégrer à son quotidien ou paraître très peu naturel à faire. Pourtant, comme le dit l'expression : c'est en forgeant qu'on devient forgeron !

Certaines personnes auront plus de facilité, et ce sera également plus simple à faire dans les moments de joie et face à de bonnes nouvelles.

Il n'y a pas de secret, pratiquer la gratitude au quotidien est une nouvelle habitude à prendre.

Voici quelques idées pour le faire, testées et approuvées !

1. Exprimer sa gratitude dans sa tête

Cela peut être dès que tu ressens de la joie pour quelque chose, mais aussi à la fin de la journée, en te parlant intérieurement : « Tiens, c'était chouette d'avoir fait cela », « J'ai vraiment passé un bon moment », « Quel bonheur, mettre ses pieds au coin du feu ! »

2. Exprimer sa gratitude à l'oral

Tu peux le faire en dialoguant avec les autres, mais aussi en te parlant à toi-même. Exprime à voix haute ce que tu ressens et ce pour quoi tu ressens de la gratitude. « Je suis contente d'avoir mangé une bonne tarte aux pommes », « Je suis si contente de te compter parmi mes amies ! », « Wahou, tu as vraiment bonne mine aujourd'hui ! » N'hésite pas à exprimer aussi ta gratitude envers les autres, tu verras, cela propage les bonnes ondes autour de toi.

3. Exprimer sa gratitude à l'écrit

C'est ma façon préférée de le faire. J'aime cette méthode, car cela permet de laisser une trace, et parfois j'aime relire ce que j'ai pu écrire quelques mois auparavant.

Cela fait plus de deux ans que je tiens cette habitude tous les soirs et tous les matins. Au début c'était difficile à mettre en place, parfois j'avais la flemme, j'étais fatiguée, je n'avais pas d'inspiration. Mais j'ai continué. Et j'en ai clairement vu les bénéfices.

Lorsque je suis dans une mauvaise période où j'ai l'impression que tout va mal, j'aime me concentrer sur des choses plus générales pour lesquelles j'exprime ma gratitude. Cela peut être des choses qui me paraissent acquises, comme avoir un toit sur la tête, mais que tout le monde n'a pas la chance d'avoir.

J'utilise un carnet pour le faire, mais je vais te proposer un petit tutoriel DIY pour faire ton journal de gratitude maison ! Avant cela, voici quelques exemples de ce que tu pourrais mettre dans ton carnet de gratitude.

- Ce qui t'a fait sourire aujourd'hui : les fleurs qui sentent bon, un spectacle humoristique, passer du temps avec quelqu'un que tu apprécies, le ciel bleu, un chaton...
- Ce qu'on a fait pour toi aujourd'hui (un proche, quelqu'un que tu connais) : quelqu'un qui t'aide à faire quelque chose, une opportunité qu'on t'a donnée, quelqu'un qui t'envoie les cours...
- Ce que tu as d'acquis, mais qui ne l'est pas pour tout le monde : une famille présente, un toit sur la tête, un bon bain chaud, un lit douillet...
- Ce que tu as fait aujourd'hui qui t'a fait plaisir : regarder une série que tu aimes, danser, lire un livre, aller te promener...
- Ce que tu as comme qualités : le sens de l'humour, l'intelligence, la gentillesse...
- Ce que tu as accompli : finir une to do list, réussir à cuisiner sans faire brûler ta maison, gagner un match de basket...
- Ce que tu as appris : compétences, apprentissages, maturité...
- Les odeurs, les sons que tu apprécies.
- Les endroits que tu as pu visiter, les voyages.
- Ce qui te rend unique.
- Comment tu as traversé une épreuve.

Ce sont quelques idées, mais comme tu le vois il existe beaucoup de manières d'exprimer sa gratitude à tous les niveaux, alors je suis certaine que tu peux trouver comment le faire au quotidien.

À quel rythme tenir un journal de gratitude ?

Je te conseille de le faire matin et soir, ça ne prend pas plus de cinq minutes par jour. Mais si tu n'es vraiment pas emballée par l'idée, tu peux commencer par une fois par semaine, le dimanche par exemple pour faire le bilan de la semaine.

Vois ça comme un petit rituel, je mets personnellement mon journal de gratitude sur ma table de chevet en évidence avec un stylo pour l'avoir toujours à portée de main et y penser même les jours où je suis très fatiguée. Plus tu seras régulière et feras ça fréquemment, plus tu en ressentiras les bienfaits. Par contre, ne te mets pas la pression ! Il m'arrive de zapper un jour et ce n'est pas très grave. Cela doit être un moment de plaisir et non une contrainte ou une source de stress.

Je te conseille aussi de relire tes notes plus tard. Cela te permettra de te rendre compte de ce qui te rend en général heureuse dans ta vie et de peut-être plus consacrer d'énergie à cela. Essaie de décrire au maximum quand tu écris et de ne pas simplement énumérer. Si c'est le ciel bleu, tu peux préciser que ça te rend heureuse, te fait te sentir bien et motivée, plutôt que juste écrire « le ciel bleu ».

TEMPLATE JOURNAL DE GRATITUDE

MATIN

3 raisons que j'ai d'être reconnaissante :

....

....

....

3 choses que je pourrais faire aujourd'hui pour être plus heureuse :

....

....

....

Mon mantra du jour :

....

SOIR

3 choses positives de la journée :

....

....

....

Comment j'aurais pu me sentir mieux ?

....

....

....

La confiance en soi

Et si nous définissions nous-mêmes notre confiance en nous ?

Nous passons notre temps à comparer notre confiance en nous à celle des autres, et je suis persuadée qu'il y a plein de façons d'avoir confiance en soi. C'est comme si nous n'avions jamais assez confiance en nous en nous comparant à d'autres personnes. Il faut savoir que la confiance en soi est le travail d'une vie et évolue selon l'âge et les expériences.

Mais je vais t'aider à augmenter ta confiance en toi grâce à quelques points sur lesquels tu pourras agir et entamer une dynamique positive.

Avant cela, essayons de définir la confiance en soi de façon générale et globale.

C'est une connaissance en profondeur de soi, de son potentiel, de sa valeur, de ses compétences et de ses atouts. Elle permet de développer une force intérieure qui rendra plus faciles les étapes de ta vie et les éventuelles épreuves. Les personnes qui ont confiance en elles sont en pleine expression de leurs capacités de façon naturelle et sans devoir le crier à qui veut bien l'entendre. Elles semblent évoluer naturellement et sans difficulté social ou professionnelle dans tous les domaines de leur vie.

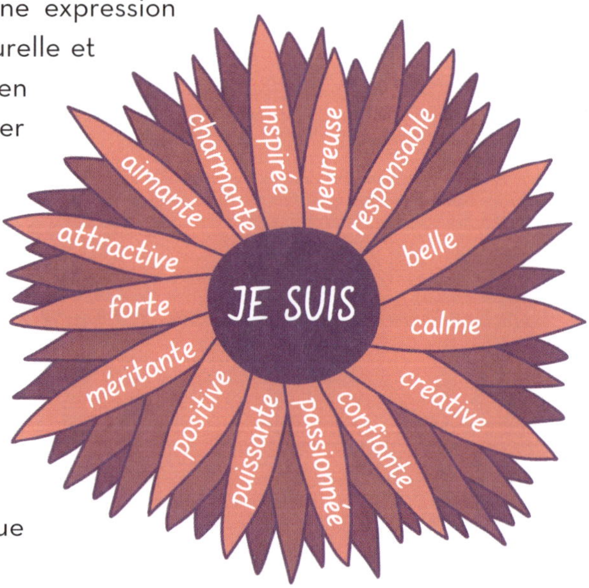

Pourtant, comme beaucoup de choses, la confiance en soi prend du temps, se muscle, évolue et se cultive. Chaque jour et pour chaque personne qui aura pourtant confiance en elle, aussi bien que pour toi qui peut-être manques encore de confiance en toi, la route sera plus ou moins colorée. Certains jours, ta confiance en toi se situera entre 1 et 5, parfois entre 5 et 7, et autrement entre 7 et 10 en fonction des événements de ta vie. Et c'est normal. Nous ne sommes pas faits pour avoir 100 % confiance en nous tout le temps et dans tous les domaines. Même les personnes qui ont le plus confiance en elles que tu pourras rencontrer dans ta vie auront eu un jour au moins des moments de doute.

J'aimerais dans un premier temps que l'on prenne ensemble le temps de définir ta conception de la confiance en soi pour que tu t'en rapproches le plus possible avec ton cheminement.

Qu'est-ce que le mot « confiance en soi » signifie pour toi ?

....

....

....

Dans quels domaines ou situations de ta vie as-tu confiance en toi ?

....

....

....

Dans quels domaines ou situations manques-tu actuellement de confiance en toi ?

....

....

....

Qui seraient tes modèles en matière de confiance en soi et pourquoi ? Que font ou ont ces personnes de particulier pour ça ?

....

....

....

....

Maintenant que tu as pu mieux comprendre et définir les clés de la confiance en soi que tu aimerais avoir, je vais te donner quelques aspects sur lesquels tu vas pouvoir travailler pour la renforcer, à travers tes actions du quotidien et le discours que tu tiens.

Les actions du quotidien

Gagner confiance en toi grâce aux petites actions du quotidien est l'un des moyens les plus simples et efficaces. En te fixant trop d'objectifs inatteignables, tu as l'impression de n'arriver à rien et de ne réaliser aucun objectif pleinement.

Commence par découper chaque objectif en une multitude de petits objectifs facilement atteignables. Si par exemple tu veux refaire la décoration de ta chambre et changer l'espace intérieur, tu peux découper ta chambre en plusieurs parties et d'abord t'occuper de la partie table de chevet.

Si tu as pour objectif de changer de carrière, par quelle petite étape pourrais-tu commencer pour l'atteindre ? Est-ce que ça serait par exemple de mettre à jour ton CV ?

Cela te permettra de ne pas te sentir submergée et surtout de réaliser fréquemment ce que j'appelle des petits succès. Et plus tu en réaliseras, plus ta confiance en toi se décuplera. De la même façon, évite au maximum la procrastination.

La procrastination est souvent due au fait qu'on ne découpe pas ses objectifs ou qu'on ne se laisse pas assez de temps pour soi. On repousse donc à plus tard une tâche trop importante ou que l'on n'a pas envie de faire, car on préfère prioriser.

Alors, prends ce temps pour toi, puis agis et avance par petits pas grâce au découpage de tes objectifs.

Le discours que tu tiens

Quand on pense au discours, on pense tout de suite au dialogue. Pourtant, le premier dialogue dont tu dois prendre conscience est celui que tu tiens avec toi-même. Tu sais, cette petite voix dans ta tête qui peut être ta pire ennemie comme ta meilleure amie. Celle qui te descend ou au contraire qui va t'encourager. Et si tu décidais que cette petite voix était toujours ta meilleure amie ?

Au lieu de la considérer comme une ombre incontrôlable, considère-la comme une extension de toi, mais en tant que safe place. Quand tu as besoin d'elle, elle est là. Quand tu doutes, elle t'encourage. Quand tu es perdue, elle te rassure.

Au lieu de toujours attendre une validation extérieure, commence par être celle qui te valide en premier.

En réalité, il arrive rarement que nous soyons sans cesse encouragées, soutenues dans toutes les situations, que nous ayons des personnes présentes 24h/24 et 7j/7 pour nos moments de doutes. Alors, deviens celle qui le fera pour toi.

Les jours où ta confiance en toi est faible, chéris-toi et prends soin de toi. Avec des mots doux, des mots rassurants, des renforts positifs.

T'offrir ces moments d'auto-reconnaissance va t'aider à renforcer progressivement ta confiance en toi.

Le discours est également celui que l'on a avec les autres. Quand on manque de confiance en soi, on peut avoir tendance à penser que notre voix est moins importante, moins qualitative, moins intéressante.

Peu importe ce que tu diras, de la chose la plus intéressante à la moins palpitante, il y aura toujours des personnes pour te couper la parole ou ne pas t'écouter. Mais continue à parler, continue à faire porter ta voix. Quand tu es face à quelqu'un qui te coupe la parole ou t'ignore, si tu continues à parler, c'est lui qui finira par se sentir gêné et qui recommencera ensuite à écouter avec cette fois une oreille plus attentive.

Tu n'as pas à avoir peur de faire porter ta voix. Mais de la même façon qu'il est important de faire porter sa voix dans le dialogue, les temps de silence et d'écoute le sont tout autant.

As-tu déjà remarqué comme les personnes qui ont confiance en elles n'ont pas peur des moments de silence ?

Avoir confiance en soi, c'est aussi garder une part de secret et ne pas tout dire à n'importe qui, ne pas avoir besoin d'échanger et de demander conseil sur tout. Effectivement, tous les avis ne sont pas bons à prendre et tous les conseils ne sont pas toujours bien intentionnés, consciemment ou inconsciemment. L'idée n'est pas de s'isoler, mais de comprendre l'impact que le dialogue, aussi bien positif que négatif, peut avoir sur ta confiance en toi.

La zone de confort, comment en sortir ?

On parle souvent de sortir de sa zone de confort, mais sans expliquer vraiment comment ni de quoi il s'agit véritablement.

La zone de confort, ce sont les habitudes, les comportements que l'on a, les activités que l'on maîtrise et qui n'apportent pas de nouveauté à notre vie. Ce sont des choses qui nous procurent en général de la satisfaction ou un sentiment neutre et qui nous évitent du stress ou des émotions négatives.

Enfant et jeune, on est habitué à sortir régulièrement de sa zone de confort : on apprend à marcher, on change d'établissement, on rencontre de nouvelles personnes... Mais plus on grandit, plus on a tendance à être moins curieux, moins audacieux et à rester dans cette fameuse zone de confort.

Pourtant, sortir de sa zone de confort est l'un des conseils les plus porteurs que je peux te donner pour Glow Up. C'est même la clé pour éviter l'ennui, s'épanouir, faire de belles rencontres, garder toute notre vie audace et curiosité.

Sortir de sa zone de confort permet de ne plus être dans une situation stable, sans surprise, mais de se challenger. C'est aller au-delà de ses peurs et de ses habitudes pour aller vers l'inconnu. Et *spoiler alert* : c'est souvent de ce côté qu'on avance !

Quand on sort de sa zone de confort, on devient audacieux, on ose faire de nouvelles choses, d'autres rencontres. C'est un cercle vertueux de dynamisme qui ouvre aux opportunités.

Choisir de sortir de sa zone de confort, c'est devenir acteur de sa vie et se confronter au changement. Le changement peut parfois faire peur et la routine est confortable, mais c'est en décidant d'en sortir que souvent les situations se transforment en opportunités.

Dans ma vie, c'est toujours quand j'avais peur de faire quelque chose ou que je me sentais confrontée à ma zone de confort que j'ai eu les meilleures opportunités. Il y a une phrase que j'aime beaucoup : « *Success is on the other side of fear.* » Bien que la peur soit parfois nécessaire dans certaines situations où notre instinct parle, c'est souvent un blocage qui nous attache à notre zone de confort.

Quand nous oublions pendant trop longtemps d'en sortir, nous pouvons nous sentir frustrées, trouver que notre vie manque de piment. Alors, faire un pas hors de sa zone de confort, c'est s'autoriser à retrouver l'excitation de la découverte, de la nouveauté et de l'apprentissage.

Alors concrètement, comment sortir de sa zone de confort ?

Étape 1 : liste ces choses qui te font peur, mais que tu aimerais tester, tenter, faire ou découvrir (cela peut être lié à la peur de l'échec, du jugement, du regard de l'autre, de l'inconnu, de la solitude…).

....

....

....

....

....

....

....

Étape 2 : liste ce dont tu aurais besoin pour faire ces choses (matériel, compétences, qualités à acquérir…), cela t'aidera à avoir une idée plus concrète du chemin à parcourir.

....

....

....

....

....

....

....

Étape 3 : liste le premier petit pas à faire pour chacune de ces choses.

....

....

....

....

....

....

....

Une fois ces trois étapes faites, fixe-toi des objectifs en commençant par ce premier petit pas. C'est le plus dur, mais une fois lancée, c'est fait ! Célèbre ensuite les petits succès qui te feront sortir de ta zone de confort et aller vers ce but : oser parler à un inconnu, aller à ce cours de danse qui te donnait envie depuis deux ans, apprendre à faire de la poterie...

Mis bout à bout, ces petits pas te permettront de faire le grand pas vers la sortie de ta zone de confort ! Tu verras que plus tu en sortiras, plus ce sera facile de rester de ce côté et d'oser aller vers l'inconnu. Ta curiosité sera décuplée.

Pourquoi sortir de ta zone de confort va t'aider à Glow Up ?

Quand on veut Glow Up, on veut amorcer un changement, une évolution. On veut rayonner. Quand tu seras sortie de ta zone de confort, tu seras en plein dans cette évolution. Stimuler ta créativité, ta curiosité, ton audace, ta vie sociale, ce sont autant d'éléments qui participeront à ton bien-être et te feront rayonner.

Quelques idées pour sortir de ta zone de confort

- Parler à un inconnu : faire un compliment, demander ton chemin, souhaiter une belle journée… ou encore mieux, tenir un dialogue !
- Manger seule au restaurant ou aller prendre un café en terrasse : l'une de mes préférées, qui a été un beau challenge pour moi et qui m'a rendue accro.
- Aller à cet événement où tu ne connais pas grand monde : qui sait, peut-être que tu y feras la rencontre de ta vie (amoureuse, professionnelle, amicale…) ?
- Voyager.
- Dire oui alors que tu voulais dire non.
- Tenter une nouvelle activité (sportive, artistique, culturelle…).
- Apprendre quelque chose de nouveau (cuisine, langue…).
- Prendre un autre chemin que ton trajet quotidien.
- Porter une tenue différente de ton style habituel.
- Répondre oui quand on demande une volontaire (association, pour aider quelqu'un…).
- Changer d'environnement.
- Se lancer des défis.
- Demander de l'aide ou se débrouiller seule.

Je te mets au défi d'en choisir une par mois et de noter ce que tu as ressenti à la suite de ça sur un an (voir page suivante) !

CAHIER D'EXERCICES

Janvier : ....

Février : ....

Mars : ....

Avril : ....

Mai : ....

Juin : ....

Juillet : ....

Août : ....

Septembre : ....

Octobre : ....

Novembre : ....

Décembre : ....

Le mindset, késako ?

Le mindset, un mot dont on entend parler un peu partout depuis quelque temps, sans exactement savoir ce que c'est. Cela veut dire en anglais « l'état d'esprit ».

On sait plus ou moins tous ce que le mot état d'esprit veut dire, mais je te propose d'étudier cette notion plus en détail.

L'état d'esprit peut être fixe ou en développement.

Avec un état d'esprit fixe, les possibilités et les aptitudes d'une personne sont limitées, prévisibles et statiques. Elles ne peuvent pas évoluer. Les personnes ayant un tel état d'esprit sont plus susceptibles que d'autres de s'inquiéter de leurs aptitudes et de leurs traits qu'elles considèrent comme fixes.

Par exemple, une personne qui dirait qu'elle est incapable de voyager seule ne considère aucune perspective d'évolution possible avec ce type d'injonction. « Je ne suis pas capable de », « ce n'est pas fait pour moi », « impossible que je ». Ça te parle ?

Le second état d'esprit ou mindset est celui du développement et de la croissance. C'est l'exact opposé de l'état d'esprit fixe. Les compétences et possibilités sont en perpétuelle croissance et en mouvement. Les personnes avec cet état d'esprit comprennent que l'apprentissage et la pratique font le mouvement.

Notre cerveau est par nature fait pour être en développement. On peut sans cesse apprendre, développer nos compétences, évoluer. Le cerveau est fait pour sans cesse s'adapter.

Les mindsets sont des croyances sur nous-mêmes et sur nos qualités fondamentales.

J'aimerais que l'on parte ensemble à la découverte de ton mindset actuel.

Qu'est-ce qui t'empêche actuellement d'avancer ?

....

....

....

....

Considères-tu plutôt avoir un état d'esprit fixe ou en développement ? Pourquoi ?

....

....

....

....

Quelles sont les croyances limitantes qui t'empêchent d'avoir un mindset en développement ?

(Par exemple : Je ne suis pas capable d'être heureuse. Je ne serai jamais épanouie au travail.)

....

....

....

....

Une fois que tu auras pris le temps d'analyser tes croyances limitantes et l'état de ton mindset actuel, tu pourras le reprogrammer en trouvant pour chaque croyance une solution. Avoir conscience d'avoir un mindset fixe, c'est déjà amorcer un changement vers un mindset en développement.

Alors, comment renforcer son mindset ?

Agir fera toujours peur et une citation que j'aime beaucoup et que je trouve très parlante est :

> « HAPPINESS IS ON THE OTHER SIDE OF FEAR AND COMFORT ZONE. »

Rester curieuse toute sa vie

Enfants, nous sommes curieux de tout. En grandissant, la curiosité a parfois tendance à s'amenuiser. Pourtant, la curiosité est très stimulante. Elle te permet de tester de nouvelles choses, de découvrir de nouvelles personnes qui vont permettre de cultiver ce mindset de développement.

Apprendre même quand on est adulte

L'apprentissage est l'idée de la vie, mais continuer à apprendre n'est pas inné chez tout le monde une fois la période scolaire terminée. Apprendre, c'est s'ouvrir au monde sans cesse, se confronter à différents points de vue et donc continuer à développer son mindset.

Faire preuve de résilience

La résilience est cette capacité à rebondir et continuer après des épreuves et des échecs. Faire preuve de résilience permet de ne pas tomber dans des croyances limitantes qui fixent ton mindset. Utilise les défis de ta vie pour en tirer des apprentissages et continuer ton chemin.

La motivation et l'autodiscipline

L'une des questions que l'on me pose le plus concernant le Glow Up est : « Comment rester motivée ? »

Spoiler alert : la motivation 365 jours par an, ça n'existe pas !

Ce qui permet de tenir ses objectifs et sa transformation, c'est l'autodiscipline. J'aimerais t'expliquer pourquoi c'est plus important que la motivation.

La durée :

La discipline est une question d'état d'esprit (mindset si tu as bien suivi !). La motivation est un état éphémère. Elle s'appuie le plus souvent sur des pensées liées à des circonstances. Tu peux être motivée par quelque chose un jour et ne plus l'être le lendemain, même si c'est quelque chose que tu apprécies particulièrement (comme écrire ce livre pour moi par exemple !).

S'autodiscipliner est un processus qui dure dans le temps. Il n'y a pas autant de variations qu'avec la motivation.

La fiabilité :

La discipline est plus fiable et plus stable. Elle va te permettre d'amorcer de vrais changements. Une fois que tu as programmé ton esprit à la discipline, notamment en ayant toujours tes objectifs en tête, tu es dans une dynamique de changement. La motivation est à comparer avec de la vitamine C, elle te donne un regain d'énergie, mais qui finit par se dissiper.

L'énergie déployée :

La discipline demande moins d'énergie que la motivation. Parfois, se motiver demande beaucoup d'énergie et peut même être une source de stress quand on a tendance à procrastiner. Compter sur la motivation, c'est drainer son énergie entre des pics de motivation et de démotivation.

L'autodiscipline entraîne ton corps et ton cerveau à fonctionner et agir d'une certaine façon. C'est par exemple le cas quand on instaure une morning routine.

La motivation n'est pas à diaboliser, elle peut être très efficace quand il s'agit de tâches non répétitives ou rapides par exemple.

Comment privilégier l'autodiscipline à la motivation ?

L'idée est de réussir à faire les choses de façon méthodique et mécanique. Ce qui ne veut pas dire dénué de sens ou de plaisir. Mais pour compter sur l'autodiscipline, il faut se cadrer.

1. Instaure des habitudes
2. Découpe les tâches en petites choses à faire
3. Planifie dans le temps et instaure des rituels

Dans quels domaines de ta vie voudrais-tu instaurer de l'autodiscipline ? Note ici tous ceux qui te viennent à l'esprit.

....

....

....

....

....

Choisis trois domaines pour lesquels tu pourrais appliquer l'autodiscipline et complète ces trois points pour la mettre facilement en place dans ton quotidien.

1. ....

....

2. ....

....

3. ....

....

Voici quelques exemples de choses dans lesquelles il pourrait être intéressant de développer de l'autodiscipline plutôt que de privilégier la motivation : rédiger un mémoire, commencer une discipline sportive, changer son alimentation, améliorer le rangement de son appartement, écrire un livre, apprendre une nouvelle langue...

Considère l'autodiscipline comme un muscle qu'il faut travailler pour renforcer les fibres. Plus tu t'entraîneras à être disciplinée, plus ce sera simple et automatique. Avec le temps, tu seras capable de distinguer les moments où c'est ta motivation qui te fait avancer des moments où c'est l'autodiscipline.

N'oublie pas que même avec de l'autodiscipline, c'est normal de ne pas être disciplinée tout le temps. Nous sommes des humains imparfaits et pas des machines. L'autodiscipline n'est pas un mot très séduisant, mais elle ne doit surtout pas être perçue comme une punition. Pense à être toujours indulgente avec toi-même !

Les habitudes qui empêchent de Glow Up

Dans cette partie, j'avais envie de te parler de quelques habitudes qui peuvent empêcher de Glow Up. En avoir conscience, c'est déjà la possibilité de moins les avoir.

1. La comparaison

Dans une ère dominée par les réseaux sociaux et les vies lissées et filtrées, il est parfois très difficile de ne pas se comparer. Tout peut être source de comparaison : le physique, la réussite, le couple, la famille, les possessions matérielles, les parcours professionnels…

Pourtant, si je ne devais élire qu'une mauvaise habitude à éliminer pour Glow Up, c'est bien celle-ci !

La comparaison est négative sur beaucoup de points, on se dévalorise, on a toujours l'impression de ne pas être ou de ne pas avoir assez, mais surtout on délocalise son attention de soi.

Ce qui n'est pas nous n'est pas notre vie.

Les aspirations et succès des autres, aussi pesants soient-ils quand l'on se compare souvent, ne feront jamais partie de notre vie. C'est à nous de créer notre réalité, nos succès et nos aspirations.

Alors, comment faire pour moins se comparer aux autres ?

Commencer dans un premier temps par comprendre notre mécanisme comparatif automatique.

Dans quels domaines as-tu tendance à te comparer dans ta vie ?

....

....

Observe les trois dernières fois où tu t'es comparée aux autres. Dans quelles circonstances cela a eu lieu ?

1. ....

2. ....

3. ....

Quelles actions concrètes pourrais-tu mettre en place pour ne plus te comparer dans ces domaines-là de ta vie ?

....

....

....

La comparaison diminue souvent quand on a tendance à se refocaliser sur soi. C'est un travail de longue haleine, mais voici quelques étapes à mettre en place dans ta vie pour diminuer ta tendance comparative :

- te recentrer sur tes envies et tes besoins réels (ceux qui te font vibrer et qui te font te sentir vivante) ;
- diminuer ton temps d'écran ou ta possibilité d'être confrontée à tes situations comparatives (par exemple cela peut être de faire du tri dans tes abonnements sur les réseaux sociaux pour ne suivre que des comptes qui te font du bien) ;
- renforcer ta confiance en soi ;
- célébrer tes petits succès et pratiquer la gratitude au quotidien ;
- transformer ta comparaison par de l'inspiration ou de l'admiration (« moi aussi, je peux le faire ! ») ;

- mettre en place des actions concrètes. Peut-être que ta tendance à la comparaison vient du fait que tu ne t'autorises pas à faire ou être ce à quoi tu te compares ? Par exemple, si tu te compares aux personnes qui voyagent beaucoup par rapport à toi qui ne voyages jamais, cela traduit un désir de voyager que tu n'écoutes pas assez. Alors concrètement, comment voyager plus ? Mettre de côté, trouver des compagnons de voyage ?

2. La surproductivité

La surproductivité est un piège dans lequel on tombe facilement quand on découvre le développement personnel ou quand on a envie d'un grand changement. C'est pourtant avec du temps et de la discipline que les changements s'effectuent. Et les temps de repos sont aussi importants que les temps d'action et de productivité.

Pense à te ménager et à ne pas être sans cesse dans la productivité. Nous sommes une génération de « slasheurs », enchaînant les tâches et les petits boulots qui en s'additionnant font peser une charge mentale énorme dans ta vie quotidienne (et encore plus lorsqu'on est une femme !).

Il vaut mieux commencer petit et tenir sur la durée que vouloir être ultra-productive sans cesse et s'épuiser à la tâche.

3. Être trop ou pas assez égoïste

Je me souviens qu'en école de commerce, j'avais écrit un plaidoyer sur la nécessité d'être égoïste. Il avait beaucoup interloqué au début. En effet, cela peut choquer en le lisant, pourtant l'égoïsme permet beaucoup de choses quand il est pratiqué avec mesure. C'est finalement un équilibre très fragile entre être suffisamment égoïste pour penser à soi et ne pas s'oublier et ne pas l'être trop, car nous sommes des êtres sociaux qui vivent en société.

Être suffisamment égoïste en pensant à soi, c'est aussi penser aux autres.

Car si l'on ne prend pas assez de temps pour soi et que l'on ne s'écoute pas, on ne peut pas être heureux. Et pour rendre les autres heureux, il faut être bien soi-même.

C'est donc un peu comme un cercle vertueux !

4. Mal choisir son entourage

L'entourage a un impact énorme sur nous sans que nous en ayons forcément conscience.

Il paraît que nous sommes le reflet des cinq personnes avec lesquelles nous passons le plus de temps et je trouve que c'est un adage assez vrai.

En partant de ce principe-là, tu te rendras bien compte que l'entourage peut alors énormément nous apporter comme être extrêmement toxique.

S'il y a une chose que j'aurais tendance à te conseiller pour bien t'entourer, c'est d'écouter ton instinct. Il est en général ton meilleur guide et plus on l'écoute, plus il s'affinera !

Si, quand tu passes du temps avec une personne, tu en ressors triste, fatiguée, drainée, négative, sans énergie, c'est en général la première sonnette d'alarme.

Bien sûr, il faut parfois être un soutien et être présent pour son entourage, mais si cela devient trop pesant et que ce n'est plus sain, prendre de la distance te fera vraiment du bien.

C'est une chose assez délicate de s'éloigner ou de couper les ponts avec un entourage toxique, mais j'ai souvent remarqué que ça pouvait être un vrai déclencheur positif dans l'évolution d'une personne.

Que ce soit une relation amoureuse, amicale ou parfois même familiale, s'entourer des bonnes personnes peut changer une vie.

Quelles sont d'après toi, dans ton entourage, les personnes de soutien, positives, qui te font du bien (cela peut même être un animal !) ?

....

....

....

Quelles personnes de ton entourage ne t'apportent pas de bonnes énergies quand tu les fréquentes ?

....

....

....

Que pourrais-tu mettre en place avec celles-ci pour que tu te sentes mieux ? (Prendre de la distance, arrêter la relation, poser des limites...)

....

....

....

....

....

....

....

Es-tu dans une relation toxique (coche le nombre de cases correspondant à ta situation) ?

- ◯ Au contact de cette personne, je sens que j'ai moins confiance en moi.
- ◯ Je me sens moins énergique après avoir passé du temps avec elle.
- ◯ Je me sens malheureuse avec elle ou après avoir passé du temps ensemble.
- ◯ Cette personne alterne les moments de notre relation où tout se passe très bien et ceux où tout va mal.
- ◯ Je ne me sens jamais assez bien vis-à-vis d'elle.
- ◯ Cette personne m'isole de mes autres relations.
- ◯ Je me sens sous pression et stressée avec cette relation.
- ◯ Cette personne me fait culpabiliser.
- ◯ Je subis du chantage affectif, des menaces ou de la violence physique ou verbale.
- ◯ Mon corps me met en alerte avec des états anxieux, des crises d'angoisse ou des douleurs.

Si tu as coché plus de six cases, tu es très certainement dans une relation toxique avec cette personne. En prendre conscience te permettra de moins subir cette relation. Parfois il se passe un moment entre la prise de conscience et l'action, que tu sois la personne dans cette relation ou que tu te rendes compte que quelqu'un que tu connais y est. Il faut souvent un élément déclencheur avant de s'éloigner ou de couper totalement court à cette relation (ce qui est souvent malheureusement la meilleure chose à faire !). L'après-relation toxique peut être compliqué à gérer, alors n'hésite pas à t'entourer de professionnels comme un psychologue pour t'aider et te reconstruire. Cela sera parfois nécessaire d'être épaulée pour réapprendre à t'aimer, avoir une image positive de toi, créer de nouveaux liens, faire le deuil de cette relation et accepter ce que tu as vécu.

S'affirmer en tant que femme

Après les mouvements #Balancetonporc et #Metoo, ainsi que la montée grandissante du Body Positive depuis plusieurs années, les droits et la place des femmes sont au cœur des transformations dans le monde. Mais au-delà de ces mouvements, j'avais envie de parler dans cette partie des possibilités d'affirmation en tant que femme avec des problématiques ancrées dans notre quotidien.

S'affirmer est quelque chose de compliqué pour encore beaucoup de femmes à partir de la puberté. L'affirmation de la femme en grandissant est en effet confrontée à des comportements ancrés depuis des années et des schémas sociétaux obsolètes.

Des études réalisées par les journalistes américaines Katty Kay, Claire Shipman et JillEllyn Riley ont montré que, d'après un échantillon de 1 300 filles âgées de huit à dix-huit ans à qui elles demandaient d'évaluer leur confiance en elles sur une échelle de 0 à 10, une baisse significative de la confiance en soi à l'adolescence était avérée. En effet, entre 8 et 14 ans, leur confiance en elles diminuait de 30 %.

Alors quelles en seraient les causes ?

Les journalistes de l'étude ont mis au centre de cette baisse de confiance en soi le perfectionnisme et les ruminations quotidiennes. Les sujets féminins ont bien plus tendance à ruminer et ressentir des sentiments négatifs que la gent masculine. L'étude montre que les jeunes filles évitent les risques et subissent l'encouragement sociétal de perfectionnisme et repli de soi pour les femmes.

L'autorisation d'échouer est beaucoup moins acceptée chez les femmes.

La conséquence directe du manque de confiance en soi des jeunes femmes influe sur leur vie professionnelle. D'après l'étude, l'écart se creuse dans les choix des parcours professionnels. En effet, 1 lycéenne sur 7 affirme qu'elle réussirait en mathématiques, contre 1 lycéen sur 4.

Les domaines de prédilection dans lesquelles les jeunes filles se sentent d'évoluer restent principalement les métiers artistiques et les sciences humaines. Cela provoque une domination de la gent masculine dans les domaines techniques ou technologiques, où elle est encore majoritaire.

Concrètement, comment lutter contre ces automatismes et s'affirmer en tant que femme quand on grandit et tout au long de sa vie ?

Savoir prendre des risques

Prendre des risques, c'est aller vers l'évolution et potentiellement la croissance. Encourage-toi et encourage les autres femmes à sortir des sentiers battus dans lesquels nous sommes catégorisées. Osons prendre en compte les effets positifs du risque et mettre en place des solutions pour minimiser les possibilités d'échecs.

Prends le temps de regarder en arrière et de voir ce que la prise de risque, notamment professionnelle, a parfois pu t'apporter de positif. Se tromper, essayer, faire des erreurs, c'est normal et ça fait partie de l'apprentissage de soi.

Les réussites qui découlent de la prise de risque sont les meilleurs encouragements pour s'affirmer en tant que femme.

Travailler sur sa peur de l'échec

L'échec fait partie de la vie. Mais pour les femmes, avec cette tendance à la rumination nettement plus marquée, cela peut être beaucoup moins bien vécu.

Prendre le temps de digérer et d'accepter l'échec est le premier pas vers la suite du chemin.

Je me demande toujours si l'échec en question aura une place dans ma vie et s'il m'importera encore dans quelques années. Si ce n'est pas le cas, je reprogramme mon cerveau pour passer immédiatement à autre chose.

Si c'est le cas, j'essaie de comprendre ce qui n'a pas marché et ce que je pourrais faire pour que cela marche, ou pour éviter de revivre une situation semblable. Deviens actrice de ton échec pour qu'il devienne un apprentissage.

Se rendre compte des automatismes de la domination masculine et du patriarcat

Nous évoluons dans une société qui est encore tellement soumise à la domination masculine et au patriarcat qu'il est parfois dur d'en apercevoir les contours, surtout quand on est jeune et que l'on se construit. Cette domination se situe notamment au niveau du pouvoir politique, économique et religieux. Toutes ces places cruciales dans la société sont encore dominées par les hommes.

Reprogrammer son mindset

Reprogrammer ton mindset te permettra d'éviter les ruminations négatives en identifiant notamment tes automatismes de pensées toxiques.

Pour t'affirmer, apprends à déceler les automatismes de tes réflexions et à éviter le catastrophisme (« Je ne suis bonne à rien », « Que vont-ils penser de moi », « Je ne réussirai jamais dans tel domaine »...).

S'entraider entre femmes

L'entraide entre femmes est parfois encore une utopie dans certains milieux. En effet, il existe encore de nombreux préjugés sur l'absence de sororité avec en tête les crêpages de chignons à la *Diable s'habille en Prada*.

Il existe de nombreux mythes sur la compétition féminine, qui est malheureusement encore bien présente parfois.

Avec la banalisation du concept de sororité, l'idée est d'envisager nos relations comme celles d'une communauté de femmes liées ensemble par un intérêt commun. C'est la capacité d'entraide entre toutes les femmes indépendamment des différences de milieu social, religion, sexualité, origine, profession...

L'entraide entre femmes est nécessaire à notre affirmation dans une société encore dominée par les hommes. Dans un monde où nous devons défendre deux fois plus nos ambitions et notre place que les hommes, porter cette voix à plusieurs est vraiment nécessaire.

Alors, les filles, défendez les femmes que vous voyez subir des propos sexistes, soutenez les *girlboss* de votre entourage à qui l'on reprocherait de prendre trop de place, encouragez votre entourage féminin dans leurs ambitions et créez des réseaux et des connexions entre femmes !

Bien-être et Glow Up

WE
ARE ALL
TOGETHER

Après avoir parlé de tout ce qu'il peut se passer dans notre tête et à quel point le Glow Up commence de l'intérieur, il me semblait indispensable de te parler de la notion de bien-être de façon assez globale. J'ai décidé d'englober plusieurs thématiques dans cette notion : l'alimentation, l'activité physique et la relaxation. Ce sont à mon sens les trois choses qui vont faire du bien à notre corps et lui permettre de Glow Up. Pas dans une volonté de perte ou de prise de poids, mais avec l'ambition de donner à son corps le repos, les nutriments, l'activité dont il a besoin pour fonctionner correctement et éviter ce qui lui est néfaste.

La règle du 80/20

S'il y a bien une règle et une seule que j'ai mise en place concernant mon alimentation et mon mode de vie, c'est la règle du 80/20.

En quoi cela consiste exactement ?

La règle du 80/20 est une méthode surtout utilisée par les Américaines pour établir une sorte d'équilibre dans leur mode de vie et leur alimentation. Il s'agit de manger et d'avoir une vie saine 80 % du temps et de se laisser 20 % de tolérance sur le reste. Pour ma part, j'aime répartir la règle des 80/20 dans ma semaine en partant sur un jour de tolérance où je mange beaucoup plus gras ou je consomme de l'alcool en soirée par exemple. Bien sûr, il arrive qu'il y ait des semaines où je suis davantage sur du 100 % et d'autres sur du 60 % en fonction des moments de l'année, si je suis en vacances, par exemple, mais cela me donne une certaine ligne directrice qui me correspond parfaitement.

Je trouve que c'est aussi un juste milieu pour éviter la frustration ; avoir un mode de vie 100 % sain est très dur à tenir en fonction de nos habitudes, de celles de nos proches, des moments de l'année comme l'été ou les fêtes de fin d'année.

Encore une fois, si le mot règle peut faire peur au début, l'idée n'est pas de culpabiliser ou de s'empêcher de manger ce que l'on souhaite, mais plus de donner au maximum à son corps les nutriments dont il a besoin et un mode de vie qui lui fasse du bien !

Le sommeil

Une chose que l'on a souvent tendance à oublier quand on parle de bien-être et de Glow Up est l'importance du sommeil. Un sommeil de qualité permet d'améliorer l'attention, les capacités physiques et intellectuelles, notre santé mentale et physique. Mais pour cela, il faut un sommeil avec une durée optimale et de qualité.

Le manque de sommeil a beaucoup de répercussions négatives sur la santé, mais aussi sur la vie sociale, personnelle, professionnelle et l'apparence physique. Est-ce que tu manques de sommeil ? Vérifions cela avec les signes d'alerte :

- Ton humeur est très changeante : tu as du mal à faire face au stress, tu as des sautes d'humeur.
- Tu es lente, ton temps de réaction est plus long.
- Ta capacité de concentration est réduite.
- Tu te sens moins productive, tu dois redoubler d'efforts pour arriver à un résultat que tu atteindrais sans trop de difficulté d'habitude.
- Tu as du mal à prendre des décisions.
- Tu tombes souvent malade.
- Les traits de ta peau sont tirés, tu as des cernes et des poches très marqués.

Ce sont quelques points que tu peux surveiller, bien que pour certains ils puissent avoir d'autres causes, mais si tu coches plusieurs cases, tu manques très certainement de sommeil !

Comme tu l'as compris, le sommeil est un aspect primordial pour ta santé, ton énergie, mais aussi ton Glow Up. En effet, les cellules se régénèrent deux fois plus vite la nuit. Alors, vois le sommeil comme un vrai geste beauté et bien-être pour ton corps !

Ma routine pour (re)trouver le sommeil facilement :

16 h 30 : Après cette heure, je te conseille d'arrêter au maximum les excitants comme le thé ou le café qui empêchent l'endormissement.

19 heures : L'accélération du rythme cardiaque provoquée par le sport peut empêcher ton organisme de comprendre qu'il est l'heure de se reposer. Évite si possible le sport après cette heure. En revanche, l'exercice physique régulier est connu pour diminuer le stress et favoriser l'endormissement, mais il faut l'arrêter au moins trois heures avant l'heure du coucher.

20 heures : L'heure du dîner ! Je te conseille d'éviter les plats trop copieux et gras le soir, la digestion peut t'empêcher d'avoir un sommeil réparateur quand le plat est trop lourd. J'évite toujours de manger trop tard (vers 22 heures par exemple), et je réserve les repas plus copieux pour mon déjeuner.

21 heures : J'essaie au maximum d'éviter les écrans après cette heure. C'est l'un des problèmes les plus souvent rencontrés par les personnes qui ont du mal à s'endormir tôt. J'essaie de retirer au maximum les appareils électroniques de ma chambre et je mets la lumière jaune sur mes écrans à partir de 20 heures.

22 heures : C'est l'heure à partir de laquelle je te conseille de te faire un petit kif. Cela peut être feuilleter un livre que tu voulais lire, faire une séance de respiration abdominale, faire une longue skincare routine, remplir ton journal de gratitude... À toi de te faire un petit rituel de détente. C'est ton moment à toi, en privilégiant des activités calmes propices à la détente.

23 heures : C'est l'heure à laquelle j'essaie de m'endormir en général, car en me levant à 7 h 45, cela me fait 8 h 45 de sommeil.

Chaque personne est différente en matière de besoins de sommeil, mais il est en général conseillé de dormir entre sept et neuf heures chaque nuit. Évidemment, cela dépend de tes contraintes horaires, mais essaie de ne jamais aller en dessous de six heures de sommeil.

Pour favoriser l'endormissement, essaie de rendre l'espace où tu dors le plus cocooning et douillet possible. Petits coussins cosy, lumières tamisées, couleurs douces... tout est possible !

Petit guide de la chambre idéale pour un bon sommeil

- Une température aux alentours de 19 degrés.
- Une pièce plongée dans le noir.
- Pas de bruit.
- Une bonne literie.
- Une pièce dédiée au sommeil.
- Des couleurs qui favorisent le sommeil et le calme (bleu, vert clair, parme, crème, rose poudré...).
- Un réveil à la place de ton smartphone.

Dernier conseil, essaie d'avoir une routine de sommeil assez fixe, c'est ce qui régule le mieux ton corps en gardant un rythme de sommeil stable.

Et la sieste dans tout ça ?

La sieste est de plus en plus populaire dans notre société actuelle, pourtant je trouve personnellement que ce n'est pas toujours facile à mettre en pratique. Difficile de faire une sieste quand on travaille à l'extérieur, en cours ou en espace de coworking ! De plus en plus d'entreprises mettent en place des bulles de sieste dans leurs locaux, mais c'est encore assez rarement pratiqué.

Si tu as le temps de tenter l'expérience, privilégie une courte sieste de trente minutes maximum. Elle sera réparatrice, sans pour autant te faire tomber dans un sommeil profond. Elle permet d'améliorer l'humeur, de favoriser l'apprentissage et la productivité, de réduire le stress et d'être plus créatif, entre autres. Pour l'heure, il est conseillé de faire sa sieste entre midi et 15 heures si possible (le fameux coup de barre après le déjeuner ! Je suis sûre que tu le connais).

L'activité sportive

On associe souvent à tort le sport et la perte de poids. Pourtant, faire du sport a de nombreux avantages et bienfaits pour ton corps qui n'ont rien à voir avec la prise de masse ou la perte de poids. C'est même à mon sens presque indispensable pour Glow Up !

La liste des bienfaits du sport est presque interminable. On entend toujours parler du fait que c'est bon pour la santé, mais savoir précisément pourquoi permet d'avoir plus de motivation.

Avant tout, c'est bon pour le moral. En effet, faire du sport active la libération d'endorphines, des hormones qui apaisent l'anxiété et le stress et contribuent à améliorer le bien-être mental. Après trente minutes de sport, les endorphines se libèrent et on commence à en ressentir les bienfaits. On a moins de sensations de fatigue ou de douleur, on se sent moins stressé et avec un meilleur moral. C'est scientifique !

Le sport permet également d'avoir davantage confiance en soi et de renforcer l'estime de soi. On se fixe des objectifs, on s'active pour les atteindre, on se dépasse. Et certains jours on y arrive moins, mais on a le mérite de s'activer. Et tout ça te rendra fière de toi. Comme je te l'ai expliqué dans la partie précédente, les petits succès renforcent l'estime de soi et par conséquent la confiance en soi.

Faire du sport permet également de prendre soin de soi dans une perspective globale. Très souvent, quand on pratique régulièrement une activité sportive, on a envie de prendre plus soin de soi : de son alimentation, de sa peau... C'est un cercle vertueux.

Bien évidemment, le sport a aussi de nombreux bienfaits pour le corps. L'activité physique permet de prendre soin de son cœur et de prévenir les maladies cardiovasculaires. Comme le cœur est un muscle, faire du sport va venir le renforcer.

L'activité physique permet de faire grossir le cœur. La fréquence cardiaque et la tension artérielle vont diminuer en laissant une paroi des vaisseaux plus souple. Tout cela réduit les risques de maladies cardiovasculaires et d'accidents vasculaires cérébraux.

Si le sport n'est pas ton ami, ce sont plein de bonnes raisons de t'y mettre ! Et si vraiment tu es allergique au sport, considère cela comme de l'activité physique. Il y a plein de façons de bouger chaque jour son corps sans forcément aller courir ou à la salle.

Au-delà des aspects bénéfiques pour le corps et le mental, le sport peut être un vrai plaisir (oui, oui, promis !).

Il existe des tas d'activités physiques que tu peux pratiquer et qui ne seront pas une corvée pour toi. Je vais évidemment te donner des idées de sports auxquels tu n'aurais peut-être pas pensé.

Faire du sport, c'est un cadeau que l'on se fait à soi-même. On prend à la fois soin de son corps, de sa tête et surtout on s'offre un moment à soi. Voici quelques questions pour t'aider à déterminer quelle activité physique sera idéale pour toi.

Quels sports as-tu déjà pratiqués ?

....

....

....

Lesquels as-tu aimés et lesquels n'as-tu pas aimés et pourquoi ?

....

....

....

Quand pourrais-tu laisser de la place au sport dans ta semaine type ?

....

....

Combien de temps souhaites-tu dédier au sport par semaine ?

....

....

Préfères-tu faire une activité sportive pour te défouler ou pour te détendre ?

....

....

....

Quels sports as-tu toujours voulu essayer sans le faire ?

....

....

....

Préfères-tu les sports collectifs ou individuels ?

....

....

....

Cite trois raisons pour lesquelles l'activité physique te ferait du bien :

....

....

....

Cette petite introspection est importante pour toi, afin de faire le point et redécouvrir comment apprécier une activité physique régulière. Le plaisir est la clé de la régularité.

Le sport, c'est tous les jours ?

Tu es libre d'organiser ton activité physique en fonction de ton emploi du temps. Entre les cours ou le travail, on n'a pas toujours le temps de faire du sport en semaine, mais si jamais tu en as la possibilité, ça peut être un formidable moyen de décompresser et de penser à toi le soir ou tôt le matin.

Le secret est quand même évidemment la fréquence et la régularité. Il vaut mieux faire quinze ou vingt minutes de sport tous les jours plutôt qu'une grosse séance de trois heures le week-end. Le tout est de toujours penser à être actif, même si tu ne vas pas faire de sport.

Quelques idées pour être active au quotidien :

- Marcher au lieu de prendre les transports en commun.
- Utiliser le vélo pour tes déplacements.
- Prendre les escaliers au lieu des ascenseurs et escalators.
- Pendant ta pause déjeuner, t'octroyer dix minutes pour prendre l'air et marcher.

Si ton objectif est d'entretenir ton corps, tu peux privilégier des petites séances de façon régulière. Pour un objectif de poids (prise ou perte), il faudra privilégier les séances plus longues (par exemple deux ou trois fois par semaine de quarante-cinq minutes ou une heure) qui vont puiser dans tes réserves.

En diversifiant les activités sportives que tu vas pratiquer, tu auras de meilleurs résultats et moins d'ennui. Tu peux par exemple varier entre des séances de sport cardio, de relaxation, de renforcement musculaire, d'étirements...

Garde toujours en tête que plus tu te feras plaisir, plus le sport fera partie de ta vie sans la sensation de corvée ou de punition. Alors, sois à l'écoute de tes envies et de tes goûts en matière de sport, si tu n'aimes pas courir il y a des centaines d'autres possibilités ! Ce qui plaît et fonctionne pour quelqu'un n'est peut-être pas fait pour toi.

En combien de temps voit-on les bienfaits du sport ?

Comme chaque corps est différent, les effets du sport prendront plus ou moins de temps en fonction des gens. Pour l'effet mental et le bien-être que cela procure, tu le ressentiras très certainement dès la première séance ! Le bien-être causé par les endorphines se produit dès que tu fais une activité physique, alors avant de penser à d'éventuels changements corporels, pense avant tout à ça !

On estime en moyenne qu'avec trois séances de quarante-cinq minutes de sport par semaine, on réduirait déjà au bout de trois semaines sa sensation d'essoufflement. Il faudra en moyenne compter plutôt un à deux mois pour voir ton corps commencer à se sculpter.

Et bien évidemment, si tu as comme objectif de dessiner ton corps, il faut avoir une bonne hygiène de vie globale avec une alimentation qui t'apporte les bons nutriments, une bonne hydratation et un sommeil réparateur notamment.

Je n'ai pas d'argent, comment faire du sport ?

Aller à la salle ou s'inscrire à un club de sport peut être très vite coûteux, et je comprends tout à fait que l'on n'ait pas tous les moyens de se le permettre, surtout quand on est étudiante ou qu'on entame sa vie professionnelle.

Ça tombe bien, il y a beaucoup de façons de faire du sport gratuitement.

Pendant les beaux jours, tu peux suivre des vidéos dans le parc le plus proche de chez toi ou à l'extérieur en fonction de ton environnement (plage, montagne, forêt, jardin…). Et si tu as honte de le faire en public, n'oublie pas que tu le fais pour toi et que tu ne reverras jamais les personnes que tu as croisées. Le Glow Up est pour toi, pas pour elles !

Tu peux aussi faire du sport chez toi : yoga, renforcement musculaire, HIIT pour le cardio, étirements, air boxing, swiss ball…

N'oublie pas de toujours vérifier que tu adoptes correctement les postures pour ne pas te blesser.

Enfin, une chose à laquelle on ne penserait pas forcément : il y a dans certaines villes des parcours de santé en plein air avec des machines ou des installations à disposition. Cela peut être une super idée pour faire du sport presque comme en salle, mais en prenant l'air les jours où il fait beau !

À quel moment de la journée faire du sport ?

Encore une fois, ce sera à adapter selon ton emploi du temps. Peut-être que tu préféreras en faire le matin pour être au calme et commencer la journée activement. Ou alors en fin de journée pour évacuer le stress accumulé. Ou encore dans l'après-midi pour prendre le temps si tu en as la possibilité.

Je te conseille seulement d'éviter d'en faire trop tard le soir (il faut arrêter au moins deux heures avant le coucher) pour éviter les insomnies. Il est généralement conseillé d'arrêter le sport après 19 heures. Le sport est un excitant, notamment en raison de l'adrénaline qui est sécrétée pendant l'effort et qui peut perturber le sommeil.

Concernant l'alimentation, je te conseille de manger avant de faire du sport, mais pas trop. Il vaut mieux attendre un peu après un repas pour faire du sport (au moins une heure si possible). Privilégie les aliments sains et qui favorisent la récupération comme les bananes, les amandes, les barres de céréales avant et les légumes et fruits cuits et crus, graisses crues riches en oméga-3 comme les noix, les graines ou les huiles végétales après le sport.

Les étapes pour reprendre le sport

Beaucoup d'entre nous sont passées par une période où le sport n'était plus une priorité, ou bien n'était même plus du tout compatible avec notre planning quotidien.

1. Se motiver seule ou à plusieurs.

Se motiver seule, c'est bien, mais pourquoi ne pas le faire également à plusieurs ? Cela peut être avec un membre de ta famille, une amie ou même en suivant un challenge sur les réseaux sociaux par exemple. Essayer de te rapprocher de personnes avec le même objectif et la même condition physique peut être une source de motivation supplémentaire. Mais ce n'est pas une obligation ! Tu peux toute seule trouver la motivation et les ressources nécessaires et n'avoir besoin de personne pour ça.

2. Trouver le rythme qui te convient.

Au début de ta reprise du sport, tu devras peut-être réajuster ton emploi du temps et réfléchir aux sports que tu aimes pratiquer. Fais des essais, vois ce qui te convient et ce qui ne te convient pas et tu trouveras ensuite ton rythme de croisière. Le plus important est de tenir sur la durée avec un planning réalisable et de ne pas voir tout de suite trop grand avec des objectifs qui pourraient te démotiver.

3. Prendre le temps et être patiente.

Au début, les séances de sport peuvent être compliquées et tu peux ne pas réussir à faire tout ce que tu avais prévu ou à suivre toute la séance. Et c'est normal ! Laisse le temps à ton corps de s'adapter à la reprise du sport ou au commencement de ta nouvelle vie sportive.

Pour obtenir les résultats que tu souhaites, il faudra aussi que tu fasses preuve de patience et d'autodiscipline. Reste optimiste, souviens-toi pourquoi tu le fais et prends les choses dans l'ordre qu'elles viennent.

4. Avoir une vision du sport à 360 degrés.

Je ne le dirai jamais assez, mais faire du sport, ce n'est pas juste faire du sport. C'est un mode de vie à 360 degrés avec une vision globale du bien-être. Il faut aussi que tu prennes le temps de donner à ton corps une alimentation variée et pleine de bons nutriments qui agira comme un cercle vertueux. Ton corps a besoin d'énergie et l'alimentation est aussi la clé de ton bien-être. Une bonne hydratation permet également d'encourager le processus de récupération de tes muscles. Aussi, n'oublie pas que les temps de repos et de récupération sont aussi importants que l'activité physique. De la même façon que ton corps a besoin de bouger pour être en bonne santé, tu dois aussi te reposer.

5. Te faire plaisir.

Le piège de la reprise du sport, c'est de ne pas se faire plaisir. De suivre un challenge car il est tendance sans l'apprécier, de suivre les conseils de telle guru fitness du web car elle est en vogue alors que tu ne l'apprécies pas, de te forcer à faire un sport « miracle ». Sois ta propre décisionnaire pour ton corps et fais ce qui te fait du bien et te donne de la joie. N'hésite pas à varier les plaisirs en testant de nouvelles activités sportives ou en diversifiant les endroits où tu feras du sport par exemple. Tu n'auras pas toujours la même motivation et la même envie et c'est normal, mais pose-toi les bonnes questions si le sport que tu as choisi ne te donne pas de bonnes ondes quand tu le pratiques.

Quelques idées de sport selon tes envies et tes objectifs

Pour te donner envie, j'ai voulu sélectionner quelques activités sportives originales et sympas à découvrir pour changer des sports plus traditionnels. Elles ne sont pas forcément praticables partout, mais cela te donnera des idées pour varier les plaisirs et les activités. Il existe d'ailleurs des systèmes d'abonnements qui fonctionnent par crédits utilisables dans plusieurs salles différentes pour varier les pratiques sans payer des abonnements différents. Cela peut être une bonne idée pour celles qui aiment le changement et la variété. J'ai choisi de sélectionner des sports moins souvent pratiqués, mais il y a bien sûr toutes les activités sportives plus classiques comme le tennis, le basket, la musculation, le fitness, la course à pied...

Pour augmenter la confiance en soi :

LA POLE DANCE : Une pratique de danse sur barre hyper populaire aujourd'hui et très physique. Elle permet de solliciter l'ensemble des muscles du corps et de se reconnecter avec sa féminité.

LE FIT'BALLET : Une pratique mélangeant la danse classique et le fitness qui te fera avoir une démarche et un port de tête de reine.

LE DANCEHALL : Une activité incroyable pour reprendre confiance en soi et se reconnecter à son corps. Il y a une énergie indescriptible à chaque cours de dancehall.

Pour te défouler :

LA BOXE SUR SAC : Elle te permettra de te défouler et de te dépasser. Une vraie décharge d'adrénaline !

LE SQUASH : Un sport de raquette qui se joue sur un terrain entouré de murs, on peut y jouer seul ou en duo pour un match.

LE KRAV-MAGA : C'est un art martial qui permet d'apprendre des techniques de défense tout en se musclant.

Pour te détendre :

LE FLY YOGA : Tu enchaînes les positions de yoga avec des mouvements de danse, de gym et de fitness, suspendue dans un hamac. Tu finis la séance par un moment de méditation. C'est une super activité pour développer la cohérence des mouvements et apprendre à maîtriser son souffle.

LE YOGA BIKRAM : C'est un yoga très physique, car il se pratique dans une salle chauffée à 40 degrés. Il s'agit d'un enchaînement de postures qui se termine par des exercices de respiration. Il te permet d'éliminer les toxines et de relaxer ton corps avec la chaleur.
L'AQUA YOGA : Une discipline mélangeant le yoga et la natation. Avec l'eau, on sent moins les muscles travailler et c'est un super sport pour lutter contre le stress.

Pour t'amuser :

LE ROLLER : Tu peux en faire en salle, en faisant des chorés, ou tout simplement en plein air !

LE PADDLE OU LES SPORTS D'EAU : À pratiquer en vacances ou si tu as un point d'eau à côté de chez toi (lac, rivière, mer, océan). Il y a plein d'activités sportives possibles sur l'eau comme le paddle, le catamaran, le surf, l'aviron...
LE SKATEBOARD : Tu peux prendre des cours de skateboard facilement en ligne ou en cours particulier, il existe aussi des cours collectifs.

La relaxation, un indispensable bien-être

Dans notre monde actuel où tout va à cent à l'heure et où on ne s'arrête jamais, j'avais envie de te parler de l'importance de la relaxation et de comment l'intégrer à notre quotidien pour se sentir mieux dans son corps, mais aussi dans sa tête !

En effet, le stress chronique est l'un des pires ennemis de notre santé, il stimule la production de cortisol qui diminue nos défenses immunitaires, aggrave les maladies, provoque de nombreux troubles du métabolisme. Bref, la relaxation est indispensable à notre bien-être, alors voilà quelques pistes pour prendre soi de toi et détendre ton corps et ton esprit.

Quels sont les bienfaits de la relaxation ?

La relaxation, ça s'apprend ! Une fois que l'on apprend des mécanismes de relaxation, cela devient presque inné pour nous. L'humain a naturellement, de la même façon que les animaux, une capacité naturelle à se relaxer, mais avec notre vie superactive nous avons perdu cet état de relaxation inné.

Il s'agit d'une détente à la fois musculaire, émotionnelle, psychologique et physiologique.

Cela permet d'aider le corps à lutter contre les maladies, de mieux gérer la douleur, de lâcher prise et de favoriser l'acceptation. Moins de cortisol, c'est moins de risque de développer des maladies chroniques et inflammatoires et d'accélérer le vieillissement des cellules.

Alors, comment se relaxer ?

La bonne nouvelle, c'est qu'il existe autant de manières de se relaxer que de types de personnalité !

Certaines techniques ont toutefois fait leurs preuves et j'ai décidé d'en aborder quelques-unes dans cette partie. Mais garde en tête que ce qui fonctionne chez quelqu'un peut moins marcher chez toi, qui seras peut-être plus relaxée par quelque chose d'autre.

L'idée est de choisir une ou plusieurs techniques de relaxation qui correspondent à ta personnalité, tes besoins et tes envies.

Et pour celles qui pourraient penser que la relaxation n'est pas faite pour elles, car elles sont ultra-dynamiques, sachez qu'en reprenant le contrôle de votre mental, la relaxation vous permettra d'avoir un meilleur rapport face aux événements de la vie et une meilleure gestion de vos émotions, alors pas d'excuse !

La respiration en pleine conscience

Respirer, une action qui nous semble innée, mais qui pourtant n'est pas toujours bien faite, ni en conscience. Prends le temps de te concentrer sur ta respiration cinq à dix minutes par jour, inspire par le nez tout en gonflant le ventre et expire fort par la bouche en vidant le ventre de son air.

Lorsque tu vis une période de stress, isole-toi quelques minutes pour pratiquer cet exercice de respiration. Il existe d'ailleurs de nombreuses applications très bien pour te guider dans ce type d'exercices. Tu peux faire cette respiration sur trois fois quatre temps, quatre pour l'inspiration, quatre où tu bloques ta respiration et quatre pour l'expiration.

L'automassage

On pense toujours à se faire masser, mais très peu le font eux-mêmes ! Pourtant, il n'y a rien de mieux que l'automassage pour prendre soin de soi tout en dénouant les tensions musculaires. Sens la peau bouger sous tes doigts pendant le massage avec une pression fixe. Tu peux commencer par masser tes tempes, puis passer à la nuque et aux épaules, avant d'enchaîner sur le plexus solaire, la zone abdominale et également la voûte plantaire. Détente garantie !

La contraction décontraction

Voici une autre technique très efficace pour t'aider à te relaxer quand tu as besoin de te sentir mieux rapidement. Prends quelques grandes inspirations en contractant les parties de ton corps où tu ressens des tensions et décontracte-les à l'expiration avec une grande expiration.

S'offrir un moment de vie supplémentaire

Au moment du lever, on a souvent tendance à commencer immédiatement la folle course de sa journée. On prend rarement du temps pour soi, pourtant quinze petites minutes supplémentaires au réveil que l'on dédie à soi peuvent changer la donne.

Offre-toi quinze minutes le matin où tu pourras prendre le temps de te réveiller, méditer, respirer avant de prendre un petit-déjeuner dans un environnement calme. Si tu en as l'envie et la possibilité, tu peux augmenter ce temps, mais quinze minutes, c'est déjà très bien pour commencer. Tu peux te coucher quinze minutes plus tôt la veille pour ne pas perdre de ton temps de sommeil.

Les huiles essentielles

Les huiles essentielles peuvent vraiment t'aider pour te relaxer. Certaines huiles comme celles de lavande, de camomille romaine par exemple, agissent sur le système nerveux. Il existe également des rolls on antistress à frotter au creux de ton poignet pour les moments anxiogènes de la journée.

Le contact physique et les animaux

Le contact physique aide à la relaxation et provoque du bien-être. En effet, cela stimule l'ocytocine (aka hormone du bonheur) et la dopamine, ce qui va apaiser nos tensions.

Et la bonne nouvelle, c'est que ça fonctionne aussi avec les animaux !

Alors on pense à les câliner pour leur faire et nous faire du bien !

Pratiquer une activité sportive

Un incontournable du bien-être, le sport ! Il stimule la production d'endorphines et nous aide à évacuer les tensions de la journée.

J'en parle longuement dans la partie sur le sport, alors essaie au maximum de bouger ton corps pour te faire du bien.

Le grounding

Le grounding, ou l'art de marcher pieds nus pour se reconnecter à la terre, a de nombreux bienfaits.

Je ne te demande pas de marcher sur le bitume en plein Paris pieds nus, mais plutôt sur l'herbe fraîche du parc à côté de chez toi par exemple !

Ces sensations permettent de lutter contre l'anxiété et favorisent également la circulation sanguine. Cela permet aussi de retrouver des sensations que notre corps a tendance à oublier avec nos chaussures au quotidien. Les zones réflexes de la plante des pieds sont activées pour une diminution du stress assurée.

Le sound bath

Autrement appelé « bain sonore », le sound bath, issu des bols tibétains de l'Himalaya, se pratique avec des instruments en forme de pots qui sont frottés pour émettre des sons.

Tu peux trouver des séances en ligne, ou faire une séance collective en physique qui dure en moyenne une heure et demie. Les sons et les vibrations du sound bath vont résonner dans ton corps, ce qui favorise la détente et l'apaisement. Je te conseille d'être allongée dans le noir pendant ta séance.

La méditation

Les bienfaits de la méditation sont innombrables ! Moins de stress, une meilleure concentration, plus de bonheur, vivre davantage dans l'instant présent, se recentrer sur soi-même... Pourtant, c'est encore une pratique qui peut faire peur et qui n'est pas toujours facile à appréhender. Je te conseille de commencer par des méditations guidées qui existent sur de nombreuses applications. Tout comme le sport, essaie d'inscrire la méditation dans ta routine pour bénéficier de ses bienfaits.

L'auto-hypnose

L'auto-hypnose permet d'atteindre une grande décontraction et de favoriser le sommeil. J'ai découvert l'auto-hypnose pour m'endormir et ça a été une révélation. Au bout de quelque temps de pratique, on arrive soi-même à entrer dans un état qui favorise la détente.

Je te conseille de choisir un endroit calme, propice à la relaxation. Éteins ton téléphone, tu peux mettre des boules Quies et t'allonger dans la pénombre.

Fixe un point un peu plus haut que la ligne de ton regard et ferme les yeux. Prends conscience de ta respiration. Concentre-toi sur chaque partie de ton corps en partant des pieds et en remontant jusqu'à ton crâne. Une fois que tu sens que ton corps est détendu, visualise-toi dans une bulle de bien-être, un endroit qui te fait rêver et te sentir bien. Tu peux être seule ou accompagnée, cela peut être un endroit réel ou imaginaire. Ce sera ton refuge de bien-être. Quand tu vis une situation angoissante, tu peux également te visualiser dans cette situation et en imaginer le bon déroulement. Concentre-toi sur tes forces et sur le positif que tu as en toi.

Plus tu pratiqueras cet exercice, plus tu arriveras rapidement à entrer dans un état d'auto-hypnose.

L'alimentation

Dans cette partie sur l'alimentation, je voulais te donner quelques conseils et choses à savoir pour adopter une alimentation saine et équilibrée et prendre soin de ton corps également de l'intérieur. Ce sont des conseils qui sont partagés par la majorité des spécialistes en alimentation, mais qui sont bien sûr à adapter à ton mode de vie, d'éventuels soucis de santé, ton activité physique, ta taille, etc.

Les bases d'une alimentation bonne pour ton corps

La base d'une alimentation équilibrée consiste dans la variété des aliments parmi les différents groupes alimentaires, notamment les légumes et les fruits, les produits céréaliers et les féculents, les viandes et ses substituts, les produits laitiers et dérivés.

Cela permet un apport équilibré entre les glucides, les protéines et les lipides. Avoir une alimentation variée évite les carences.

Comment appliquer la pyramide alimentaire dans son alimentation ?

L'eau et les boissons non sucrées

Notre corps a besoin d'eau et une bonne hydratation est indispensable pour maintenir la forme physique et le bon fonctionnement des organes.

Il est en moyenne conseillé de boire entre un litre et demi et deux litres d'eau par jour, à adapter en fonction de la chaleur et de l'activité physique.

Petit conseil : j'utilise une gourde de deux litres pour penser à m'hydrater tout au long de la journée, tu peux également boire du thé ou d'autres boissons non sucrées comme des infusions pour t'aider à boire plus.

Les fruits et légumes

Les fruits et légumes ont de nombreux bienfaits et doivent faire partie de ton alimentation au quotidien. Ils apportent notamment des glucides, des vitamines, du calcium et des fibres. Prends-les de préférence frais. Tu peux compléter tes apports avec des fruits secs et des oléagineux.

Les céréales, féculents et légumineuses

Le riz, les pâtes, le pain, les pommes de terre, les lentilles et autres légumineuses notamment permettent d'apporter de l'énergie au corps. Privilégie les céréales complètes et semi-complètes.

Les viandes, poissons et œufs

Cette famille d'aliments contient les œufs, la viande et les produits de la mer (poissons et fruits de mer), ainsi que leurs substituts (soja, seitan, arachides, algues, etc.). Ils apportent des protéines et des lipides, ainsi que des vitamines permettant le fonctionnement du système nerveux.

Le lait et les produits laitiers

Dans cette famille, on va retrouver le lait, le fromage, les yaourts… qui apportent des protéines, du lipide, du calcium, des vitamines et du phosphore.

Les corps gras

Cette famille contient les aliments tels que le beurre, la margarine, l'huile qui apportent de l'énergie, des vitamines et des oméga-3 et 6.

Le sucre et les produits sucrés

Cette catégorie est celle en particulier dont il ne faut pas abuser, qui est plus une catégorie plaisir que nutritionnellement importante.

Quelques conseils pour mieux manger :

- Manger des aliments frais et de bonne qualité.
- Manger en pleine conscience, en prenant le temps de savourer et sans distraction si possible, ce qui permet à ton organisme de faciliter la digestion.
- Ne pas manger de la même façon le matin, le midi et le soir (nous n'avons pas besoin du même apport d'énergie dans la journée).
- Préparer certains repas en amont pour les cuisiner et éviter de succomber toujours à la tentation des plats déjà préparés.
- Cuire à basse température (en dessous de 100 degrés au maximum pour ne pas dénaturer les propriétés des aliments).
- Éviter le grignotage qui perturbe le rythme biologique et fatigue le métabolisme.
- Consommer de préférence les fruits en dehors des repas pour faciliter la digestion.
- Privilégier la farine et le pain complets ou semi-complets.

Quels sont les besoins nutritionnels de base ?

- Les macronutriments (protéines, lipides, glucides) donnent de l'énergie. Concernant les glucides, je te conseille d'éviter le sucre blanc qui a un effet acidifiant sur l'organisme, ce qui fait beaucoup plus travailler les organes.
- Les micronutriments (vitamines, oligo-éléments) permettent l'assimilation, la transformation et la bonne utilisation des macronutriments.

Mieux consommer : la saisonnalité / les paniers invendus / le bio

Mieux consommer est au cœur des discussions et des préoccupations environnementales pour l'avenir. En pratique, ce n'est pas toujours évident de consommer parfaitement et de ne consommer que du bio. J'avais envie de te donner quelques conseils pour mieux consommer facilement au quotidien, tout en prenant soin de ton corps et en te faisant plaisir.

La clé ? Consommer de saison

Consommer de saison va te permettre d'avoir des produits moins issus de l'importation et plus locaux. Les aliments que tu vas consommer n'auront pas fait des milliers de kilomètres avant d'arriver dans ton assiette. En consommant de saison, tu t'assures aussi de manger des produits ayant un meilleur goût et davantage de nutriments. La nature est plutôt bien faite et les aliments de saison apportent généralement à ton corps ce dont il a besoin en fonction de la période de l'année (comme de la vitamine C avec des oranges en janvier !).

Et le bio dans tout ça ?

Les raisons de manger bio sont très nombreuses, mais en pratique ce n'est pas toujours très abordable pour tous les paniers. Le bio permet notamment de participer à la protection de l'environnement, car les cultures ont un impact moindre sur les ressources naturelles. Manger bio, c'est aussi favoriser la consommation locale et soutenir l'économie, notamment auprès des petits producteurs et des petites exploitations.

Alors, comment mieux consommer avec un petit budget ?

Pour cela, tu peux te renseigner auprès des producteurs locaux de ta région. Il existe aujourd'hui de nombreux sites et entreprises te permettant de le faire, notamment La Ruche qui dit oui, l'Amap, Locavor...

Si tu habites à la campagne, ce sera probablement plus simple pour toi d'acheter directement auprès des producteurs.

Pense également au marché, il existe de nombreux marchés de petits producteurs locaux ou bio.

Je te conseille aussi les paniers anti-gaspi avec les applications Too Good To Go ou Phénix par exemple, qui te permettent d'avoir des paniers auprès de restaurateurs, boulangeries, primeurs notamment, à des prix deux à trois fois moins élevés. Ce sont souvent des invendus du jour, des produits arrivant à la date d'expiration ou des fruits et légumes considérés comme « moches » et qui ne peuvent plus être mis à la vente.

Le matcha et ses bienfaits

Connais-tu le matcha ? Le matcha est un thé vert japonais que l'on trouve sous forme de poudre verte, qui est très savoureux et a de nombreux bienfaits antioxydants pour le corps.

On peut le boire seul, avec du lait ou l'utiliser également en cuisine.

Ce qui donne sa jolie couleur au matcha, c'est la chlorophylle. Les feuilles sont séchées, triées et broyées jusqu'à l'obtention de la fine poudre de matcha.

Le thé matcha est comme un superaliment et il est considéré comme un thé de grande qualité.

Il est très riche en vitamines, en antioxydants et en acides aminés.

Quelques bienfaits du matcha

1. Il donne de l'énergie.

Il a une importante teneur en théine, ce qui donne de l'énergie de façon stable toute la journée par rapport au café. En effet, il n'a pas les effets néfastes du café à savoir le stress, l'augmentation du rythme cardiaque, les aigreurs d'estomac, l'augmentation de la tension…

Lorsque les effets du café s'atténuent, le corps est fatigué. Ce qui n'arrive pas avec le thé matcha.

Le matcha favorise une bonne mémoire, la concentration et de bonnes performances cognitives grâce à la théine.

2. Il protège la peau des radicaux libres.

Le matcha est concentré en antioxydants comme les polyphénols et les catéchines. Ces antioxydants permettent de lutter contre les radicaux libres (qui jouent un rôle dans le vieillissement), mais également d'apaiser la peau.

3. Il aide à l'élimination des toxines.

Le matcha est riche en chlorophylle, qui participe à l'élimination des toxines et à la réduction de l'acidité dans le corps.

4. Il aide à stabiliser la glycémie.

Sa teneur en antioxydants permet d'aider à stabiliser l'activité hypoglycémique en évitant d'avoir un taux de sucre trop élevé dans le sang grâce à ses sucres naturels.

5. Il diminue le stress.

Le thé matcha est anti-cortisol et il participe à la réduction du stress grâce à sa stabilisation de l'activité hypoglycémique. Il agit sur la pression artérielle, notamment grâce à la L-théanine.

Les smoothies, c'est bon pour la santé ?

S'il y a bien une tendance qui se distingue quand on pense à manger sain, ce sont bien les smoothies. Pourtant, pour qu'ils soient sains, il faut suivre quelques indications.

Car avant le côté esthétique, ce qui compte est qu'ils soient bien équilibrés pour être bons pour la santé (car oui, tous les smoothies ne sont pas si bons pour la santé qu'ils ne paraissent !).

Pourquoi les smoothies ne sont pas tous très sains ?

Les fruits ont pour la plupart un index glycémique IG bas, mais quand on prépare un smoothie, le fruit change d'état (solide à liquide), ce qui augmente l'IG.

Les sucres des fruits sont plus vite assimilés par l'organisme, ce qui donne par conséquent une sensation de satiété.

Or, quand un aliment a un IG élevé, le pancréas libère davantage d'insuline pour rééquilibrer le taux de glucose dans le sang. Les fruits contiennent du fructose, du sucre naturellement présent dans les fruits. Et tout excès de sucre est mauvais pour la santé. Bien sûr, le fructose naturellement présent dans les fruits est meilleur que les sucres industriels et raffinés, mais il ne faut pas en abuser non plus.

Les smoothies industriels sont quant à eux encore plus sucrés et contiennent souvent des conservateurs.

Alors, la solution pour équilibrer ton smoothie, ce sont les smoothies verts !

Les légumes verts vont permettre de contrebalancer l'excès de fruits et donc de sucre.

En général, pour un smoothie sain, il faut respecter la proportion de 60 % de légumes pour 40 % de fruits. Les légumes verts sont particulièrement intéressants, car ils sont riches en éléments nutritifs et en chlorophylle, permettant au corps de s'oxygéner. Ils sont aussi riches en antioxydants.

La présence de légumes verts dans ton smoothie va permettre de contrebalancer le taux de sucre.

Bon à savoir, les fruits qui possèdent l'index glycémique le plus élevé sont : la banane, le kiwi, l'ananas, le raisin, l'abricot et la pêche.

Le guide pour un smoothie bon pour ton body

1. La base.

Je vois parfois des smoothies avec des bases de jus de fruits. Or, les jus de fruits sont souvent très sucrés et avec l'ajout de fruits que l'on va mettre, on se retrouve vite avec un cocktail de sucre qui est finalement néfaste pour la santé. Quant à l'eau, elle donne souvent un goût assez fade aux smoothies. Je conseille plutôt d'utiliser une base de lait végétal, comme le lait de coco ou le lait d'amande.

2. La verdure.

Il est temps d'ajouter la base de légumes verts à ton smoothie. Les légumes verts les plus souvent utilisés dans les smoothies sont le chou kale, les épinards, le cresson, les bettes, le chou frisé, la laitue romaine et les feuilles de pissenlit.

3. Les fruits

Rajoute 40 % de fruits par rapport à la quantité de vert que tu auras mis. Tu peux bien sûr ajouter d'autres légumes comme la carotte ou la betterave par exemple ; mais attention, ces deux légumes ajoutent également du sucre. Je te conseille d'utiliser si possible des fruits et légumes bio afin d'avoir une boisson sans pesticides.

4. Les extras

Tu peux également ajouter ce que j'appelle des extras, qui vont soit donner plus de goût à ton smoothie, soit avoir un atout santé ou nutrition.

Voici quelques exemples d'extras à ajouter à ton smoothie :

- épices
- protéines en poudre
- spiruline
- cacao sans sucre (antioxydant)
- graines de chia
- graines de lin
- flocons d'avoine
- noix (noix, noix de cajou, amandes…)
- beurre d'arachides
- purée d'amande
- gingembre frais
- gousse de vanille

Je te conseille de boire ton smoothie immédiatement, car les fruits s'oxydent avec la lumière et l'air, ce qui réduit leurs nutriments. Il faut aussi que tu évites de le boire trop vite pour faciliter l'absorption du sucre.

En bref, les smoothies peuvent permettre un bon apport en fruits et légumes, mais il est toujours mieux de consommer les fruits et légumes frais et en morceaux.

Pour te donner une idée, un smoothie composé de 2 oranges, 7 pommes, 1 banane et 10 fraises contiendrait l'équivalent de 8,5 morceaux de sucre. En comparaison, un verre de Coca-Cola en contient 8.

Dans l'idéal, il faudrait aussi privilégier les fruits à indice glycémique bas comme :

- le pamplemousse
- les fruits rouges (cassis, framboise, groseille, mûre, fraise), sauf les cerises qui ont un IG haut
- la clémentine
- le fruit de la passion
- la grenade
- la pomme
- la poire
- la figue
- l'orange

Quant aux fruits ayant un IG élevé et à éviter dans les smoothies ou à consommer avec parcimonie dans tes préparations, il s'agit des dattes, de la banane, de la pastèque, du melon, des cerises, de l'ananas, de la goyave, de la papaye, du raisin noir et du litchi.

Mes recettes préférées de smoothies

Smoothie vert vitalité

1 pomme verte
Lait d'amande
1 pincée de gingembre frais
1 poignée d'épinards frais
Un demi-citron vert pressé
Une pincée de spiruline

Smoothie fruits rouges

Une grosse poignée de fruits rouges
1/3 de banane
Une poignée de chou kale
Une petite poignée d'amandes
Lait de coco

Smoothie bonne mine

2 carottes
1 citron
1 orange
Lait d'amande
Glaçons

Ce sont quelques idées de recettes, mais teste et fais-toi plaisir en gardant en tête les petites astuces santé que j'ai pu donner !

Glow Up ton style

« LA MODE SE DÉMODE, LE STYLE JAMAIS »

COCO CHANEL

Trouver son style et le développer dépend de tout un tas de facteurs, le premier étant d'apprendre à nous connaître et à savoir ce qui nous met le plus en valeur.

Dans cette partie, on commencera par étudier ensemble ta colorimétrie et ta morphologie, avant de détailler ce qui fait le style et comment partir à la découverte de ton ADN mode !

La morphologie

Connaître sa morphologie va te permettre de comprendre comment sont tes formes et quelles coupes vont mettre en valeur ta jolie silhouette. Bien appréhender les coupes et les volumes des vêtements est une des clés pour sublimer tes atouts.

Comment déterminer ta morphologie ?

Je te conseille de te munir d'un mètre si tu n'arrives pas à le déterminer à l'œil nu. La taille des vêtements est extrêmement variable selon les marques et ne permet pas de déterminer si une coupe va te mettre en valeur. Alors, détache-toi des tailles (je porte par exemple parfois des pièces en 42 alors que je fais un 36, quand j'ai envie d'une coupe plus loose pour moi) et concentre-toi sur ton body. Les tailles ne sont que des étiquettes et une pièce de la même taille peut être portée par de nombreuses morphologies différentes.

Les mesures à prendre :

- Épaule à épaule : mesure la largeur de tes épaules en allant d'une épaule à l'autre. Pour que la mesure soit correcte, il faut que tu te tiennes bien droite, les bras le long du corps (tu peux demander à quelqu'un de prendre la mesure pour toi).

- Tour de poitrine : prends une mesure autour de ta poitrine, du centre de tes seins en passant derrière le dos. Il faut que tu prennes la mesure au plus fort de ta poitrine en gardant un confort de respiration.
- Tour de taille : mesure le tour de taille là où ta taille est la plus fine. Il faut également que tu puisses respirer normalement.
- Tour de hanches : pour ton tour de hanches, il faut que tu mesures à l'endroit où tes hanches sont les plus fortes en prenant dans la mesure le bombé des fesses.

La morphologie en triangle ou A

Les caractéristiques :

- épaules moins larges que les hanches.

L'objectif :

structurer le haut du corps et mettre en valeur le buste, ajuster le bas avec une forme droite ou fluide.

Les conseils morpho :

- structure le haut du corps en choisissant des pièces plus larges avec des épaulettes par exemple ;
- favorise les imprimés et couleurs sur le haut et les couleurs plus sombres sur le bas ;
- privilégie les matières fluides pour le bas ;
- opte pour une taille haute si tu mets un haut court ;
- ceinture ta taille pour allonger les jambes ;
- évite les tops longs et trop amples qui tombent sur les hanches ;
- évite les rayures horizontales sur le bas.

La morphologie en triangle inversé ou V

Les caractéristiques :

- épaules plus larges que le bas ;
- silhouette à l'allure sportive.

L'objectif :

harmoniser la silhouette en mettant en valeur le bas du corps.

Les conseils morpho :

- choisis des couleurs plus foncées pour le haut et claires et vives pour le bas ;
- marque ta taille ;
- opte pour des matières fluides pour le haut du corps ;
- évite les hauts à épaulettes ;
- privilégie les petits imprimés aux gros ;
- opte pour des jupes avec du volume (volants, plissées…) ;
- choisis des coupes de pantalon structurées ou qui donnent du volume (à pinces, boyfriend et girlfriend, mom jean, pattes d'eph, flare…) ;
- opte pour des bas de couleurs vives, à imprimés, avec des matières particulières ;
- évite les rayures horizontales sur le haut ;
- évite les tops à manches très fines (type bretelles spaghettis) ;
- évite l'oversize sur le haut ;
- privilégie les hauts qui dégagent le col.

La morphologie en X

Les caractéristiques :

- épaules alignées avec les hanches ;
- taille marquée.

L'objectif :

mettre en valeur les courbes naturelles du corps.

Les conseils morpho :

- c'est l'une des morphologies les plus faciles en mode, car il n'y a pas de pièces à éviter ;
- mets en valeur ta taille (ceinture, tops courts, vêtements cintrés, manteaux ceinturés, tops dans le pantalon...) ;
- amuse-toi avec les imprimés et les textures.

La morphologie en rectangle ou H

Les caractéristiques :

- épaules et hanches alignées ;
- taille peu ou pas marquée.

L'objectif :

délimiter et créer une taille en jouant sur les volumes, éviter les trop gros contrastes entre le haut et le bas.

Les conseils morpho :

- accentue les bijoux pour amener l'œil sur des détails brillants ;
- opte pour des vestes assez cintrées ;

- opte pour des matières fluides ou drapées et légèrement oversize pour créer du volume sur la longueur ;
- mets des décolletés ;
- porte du taille basse, des coupes flare ou droite et près du corps pour le bas ;
- évite l'ultramoulant sur le haut et les rayures horizontales.

La morphologie en rond ou O

Les caractéristiques :

- épaules et hanches voluptueuses ;
- ventre plutôt rond ;
- poitrine plus ou moins voluptueuse.

L'objectif :

mettre en valeur ses formes et créer des lignes fluides sur la silhouette.

Les conseils morpho :

- évite le contraste trop fort de couleurs entre le haut et le bas (privilégie un contraste léger) ;
- favorise les hauts fluides et décolletés au niveau de la naissance de la poitrine, les robes fluides ;
- opte pour des hauts longs (vestes, tops, chemisiers...) ;
- évite les gros imprimés ;
- opte pour des dégradés subtils de couleurs (teintes monochromes et similaires) ;
- porte des coupes droites en bas, bootcut, flare et fluides ;
- évite les matières et coupes très près du corps ;
- n'abuse pas sur le layering ;
- évite les coupes très taille basse ou trop taille haute.

La morphologie longiligne ou en I

Les caractéristiques :

- épaules alignées avec les hanches ;
- taille très légèrement ou pas marquée ;
- silhouette menue.

L'objectif :

donner de l'étoffe à la silhouette.

Les conseils morpho :

- évite l'ultra oversize et les coupes trop larges ou trop près du corps ;
- opte pour le layering ;
- choisis des hauts structurés (épaulettes, matières et motifs, couleurs vives) ;
- opte pour des bas qui mettent en valeur les jambes (minijupes, slims, jambes légèrement larges et fluides).

La morphologie en 8

Les caractéristiques :

- épaules alignées avec les hanches ;
- taille marquée ;
- formes et rondeurs.

L'objectif :

mettre en valeur les courbes naturelles du corps.

Les conseils morpho :

- opter pour des décolletés ;

- choisis une ceinture pour mettre en valeur ta taille ;
- choisis des motifs plutôt petits ;
- opte pour des formes de robes qui mettent en valeur la taille (cache-cœur...) ;
- porte des formes de bas mettant en valeur la taille (flare, pattes d'eph, slim, jambes larges, jupes fluides ou plissées, cintrées...) ;
- évite les matières trop moulantes, très fines et les rayures horizontales ;
- évite les tailles basses.

Et pour la taille ?

Voici quelques conseils pour les petites :

- privilégie les formes 3/4 pour les hauts ;
- n'hésite pas à faire retoucher tes pantalons trop longs ;
- pense à regarder les magasins qui proposent des catégories petite taille ;
- privilégie les talons et les semelles compensées.

Et pour les plus grandes :

- privilégie les formes fluides ;
- pioche dans la garde-robe masculine qui a des longueurs parfois plus grandes ;
- pense à regarder les magasins qui proposent des catégories tall.

Connaître sa morphologie te permet de mettre en valeur ta silhouette, mais ne doit pas te faire avoir de complexes. Chaque morphologie peut être mise en valeur. Les chiffres des étiquettes sont très variables selon les marques et ne sont pas les marqueurs d'une morphologie. Apprends à comprendre et connaître ta silhouette pour identifier au premier regard ce qui va t'aller.

La colorimétrie

Trouver sa colorimétrie, c'est LA première étape pour partir à la découverte de ce qui te met en valeur grâce à plusieurs facteurs : ta carnation de peau, la couleur de tes yeux, de tes cheveux et de tes veines.

Il existe douze familles en colorimétrie réparties en quatre saisons : printemps, été, automne et hiver.

Connaître ta famille de couleurs va te permettre d'avoir une palette qui te mettra en valeur et qui sera ta zone de confort mode pour les jours où tu auras envie d'avoir simplement et rapidement des pièces qui illumineront ton teint et te donneront bonne mine.

Bien sûr, la colorimétrie ne t'empêche pas de te diriger vers des couleurs qui ne font pas partie de la tienne, mais tu verras qu'on se prend facilement au jeu des couleurs qui nous mettent en valeur.

Je te conseille de mettre les couleurs de ta colorimétrie près de ton visage et de réserver éventuellement les autres couleurs pour des pièces moins proches de ton visage.

En colorimétrie, il y a deux catégories principales : la colorimétrie froide (hiver, été) et la colorimétrie chaude (printemps, automne). Si tes veines sont de couleur bleue, tu appartiens à la catégorie froide, si elles sont vertes, marron ou mauves, tu appartiens à la catégorie chaude.

Selon les saisons dans la vie et ta carnation de peau, tu pourras changer de saison, mais jamais de catégorie (chaude / froide). Une même couleur peut appartenir aux deux catégories en ayant une dominance chaude ou froide (par exemple un jaune moutarde chaud, différent d'un jaune citron froid).

Concernant les bijoux, les colorimétries froides préféreront les bijoux en argent, les colorimétries chaudes les bijoux en or et or rosé. Changer de couleur de cheveux impacte légèrement la colorimétrie, mais la typologie reste la même au niveau de la peau. Tu pourras cependant piocher dans des palettes chaudes, par exemple si tu passes d'une couleur de cheveux froide à une couleur de cheveux chaude ou que tu bronzes l'été.

Colorimétrie automne

Cheveux : roux, châtain foncé avec des sous-tons chauds, brun cuivré, brun doré, cuivrés, brun foncé.
Yeux : bleus, verts, hazel, marron foncé chauds, noirs.
Teint : doré, mat avec des sous-tons chauds, clair avec des sous-tons chauds, noir avec des sous-tons chauds.
Veines : mauves, vertes, marron.

Mon conseil : privilégie les couleurs chaudes et sobres avec des pigments rappelant les couleurs des éléments naturels.

Ta palette de couleurs :

Colorimétrie hiver

Cheveux : noirs, bruns, châtain foncé
Yeux : bleus, gris, verts, hazel, marron froids, noirs

Teint : clair et froid, noir avec des sous-tons froids, mat avec des sous-tons froids
Veines : bleutées

Mon conseil : privilégie les couleurs froides et éclatantes.

Ta palette de couleurs :

Colorimétrie printemps

Cheveux : blond doré, châtain clair chauds, châtain moyen dorés, cuivrés, blond vénitien, roux
Yeux : bleus, verts, noisette, hazel
Teint : pâle avec des sous-tons dorés, qui se dore facilement au soleil, taches de rousseur possibles
Veines : mauves, vertes, marron

Mon conseil : privilégie les tons vifs avec des sous-tons chauds.

Ta palette de couleurs :

Colorimétrie été

Cheveux : blond clair, châtain clair froids, cendrés
Yeux : bleus, gris, verts, hazel, marron froids
Teint : pâle, rosé, beige clair
Veines : bleutées

Mon conseil : privilégie les couleurs froides et pastel.

Ta palette de couleurs :

Attention : il existe en réalité douze familles de colorimétrie avec trois sous-familles pour chaque saison, mais le plus important est de déterminer si tu es de colorimétrie froide ou chaude.

Trouver son style

Trouver son style est souvent LA question en matière de mode qui peut poser problème.

Avant d'acheter plus de vêtements, il faut partir à la recherche de ton style. En effet, trouver ton style va te permettre d'apprendre à former des tenues et éviter les achats impulsifs.

Mais finalement, qu'est-ce que le style ? Il reflète selon moi l'ensemble de nos goûts, notre personnalité, notre manière d'être et nos convictions à travers notamment la façon de s'habiller, de se coiffer et de se maquiller. Le style ne se limite pas en soi aux vêtements, mais correspond à une esthétique globale qui reflète l'individualité dans son ensemble.

Je suis persuadée que notre façon de nous habiller doit être un jeu pour nous aider à devenir la personne que l'on souhaite être et refléter ce que l'on est dans toute sa globalité.

Je différencie vraiment le style des tendances, car on peut avoir du style sans suivre les tendances chaque saison.

L'individualité à travers le style avait très peu de place pendant des centaines d'années, pour les femmes notamment, les originalités vestimentaires étant souvent réservées uniquement aux élites. Aujourd'hui fort heureusement, tout le monde peut s'exprimer à travers son style. Les années soixante ont fortement révolutionné la mode avec une individualité très forte des jeunes à cette époque, qui se sont débarrassés des carcans du style et ont exprimé leur personnalité, mais aussi leurs convictions à travers lui.

Il existe aujourd'hui des multitudes de catégories de styles et d'aesthetics, comme les styles lolita 2000s, gothique, e-girl…

Je vais me concentrer dans cette partie sur quelques-uns des styles principaux pour te donner quelques pistes afin de partir à la découverte de ton style.

Il y a plusieurs styles principaux d'aeshetic, et de multiples sous-catégories de ces styles qui sont associées à ton style personnel. L'idée est d'imaginer les différents styles comme un grand arbre avec de multiples branches et brindilles.

Chaque branche a son propre style et chaque brindille représente les déclinaisons : classique, glamour, casual chic, bohème, rock, minimaliste, romantique, sportswear, vintage.

N'oublie jamais que tu n'as aucune obligation de te limiter à une catégorie de style, tu peux mixer les catégories et jouer avec les différents styles et aesthetics en fonction de tes inspirations et envies du moment.

Tu remarqueras toutefois assez vite que tu as quand même un penchant naturel et dominant pour l'un des styles. En général, on appartient à 70 % à un style, les 30 % étant des mixes de différentes influences provenant de styles distincts.

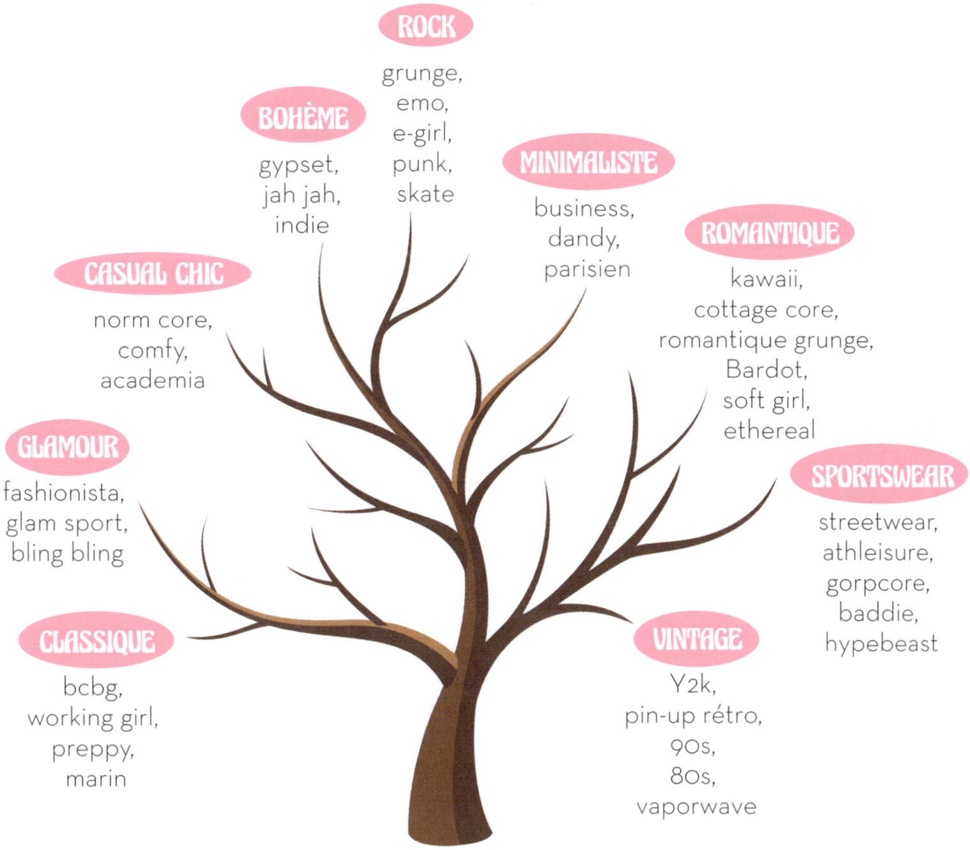

Quatre étapes pour trouver ton style :

Apprendre à te connaître et à cibler tes goûts

Se connaître est la première étape pour partir à la découverte de ton style. Comme le style est le reflet de ta personnalité et de ton individualité, demande-toi ce que tu aimerais que ton style reflète et transmette comme message.

Quels mots souhaiterais-tu que l'on utilise pour définir ton style ?

....

....

....

....

Quels traits de ta personnalité souhaiterais-tu que ton style reflète ?

....

....

....

....

Ne penser qu'à toi sans le regard des autres

On est souvent influencé par les autres quand il s'agit d'exprimer son style. Il faut avoir la tenue appropriée en fonction des occasions, mais aussi pour le travail ou encore les études. Finalement, tout ou presque fait que nous devons sans cesse adapter nos tenues pour entrer dans le moule de la société, ou pour éviter les remarques des hommes dans la rue. Mais pose-toi la question suivante :

Qu'est-ce que j'aimerais porter si je n'avais aucune contrainte extérieure et que je ne pensais qu'à moi ?

....

....

....

....

Faire abstraction du regard de l'autre et des jugements est parfois compliqué en fonction des situations, mais autorise-toi à porter ce que tu souhaites, au moins en dehors des cadres où il est parfois obligatoire de respecter les codes et les règles imposées en matière de vêtements.

Se détacher de l'automatisme des tendances

L'un des pièges d'une garde-robe déséquilibrée et d'une confusion dans son style est de suivre aveuglément les tendances. Avoir du style est différent de suivre les tendances, une fois que l'on a compris cela, on réfléchit à deux fois avant de succomber à toutes les tendances. S'affirmer avec son style et être soi, c'est suffisant !

S'inspirer sans cesse

L'inspiration est une autre clé du style. Toutes les personnes stylées s'inspirent, que ce soit avec leurs goûts ou en observant d'autres looks : les sources d'inspiration sont infinies (ou presque). On en reparle plus en détail dans la prochaine partie !

Comment s'inspirer ?

L'inspiration a une place particulièrement importante dans la quête de son style, surtout au début quand on se cherche encore au niveau des vêtements.

Il existe de multiples façons de s'inspirer, je vais t'en présenter quelques-unes dans cette partie, mais sache que l'inspiration peut venir de partout : un tableau, une personne de ton entourage, une émotion, une couleur, un coucher de soleil…

L'idée est de toujours ajouter sa touche personnelle à chaque inspiration que l'on trouve et de ne pas être dans le copié-collé.

Quand tu trouveras quelque chose qui t'inspire, essaie toujours de te demander comment toi tu pourrais te l'approprier avec ta touche personnelle, mais aussi pourquoi pas en fonction de ce qui te met le plus en valeur avec ta colorimétrie et ta morphologie.

Par exemple, tu peux trouver très jolie la couleur d'une tenue sur une amie, mais en réalité sur toi elle aura l'air terne, alors qu'une autre couleur sera rayonnante, car elle correspondra à ta colorimétrie !

Les sources d'inspiration actuelles sont souvent les personnalités, mais j'aimerais aussi que tu gardes en tête que 95 % des célébrités sont assistées par des stylistes dont l'habit est le métier, et qu'il ne faut pas que tu te compares quand tu t'inspires de ce genre de personnes, car elles ont peut-être du style, mais elles sont grandement aidées et accompagnées.

L'inspiration et la veille sur les looks que tu aimerais porter font partie du processus de changement de style et te permettront de te créer un dressing qui correspond à ton nouveau style.

Comment commencer à m'inspirer ?

1. Pinterest

Pinterest est l'une de mes sources d'inspiration préférées, c'est comme un immense moteur de recherche d'images avec une source intarissable d'inspiration. Il y a également beaucoup de créateurs de contenu sur la plateforme qui te donnent des conseils mode, d'upcycling ou pour apprendre à composer des looks. Tu peux d'ailleurs venir suivre mes conseils mode sur la plateforme (latourclaire sur Pinterest).

Pour commencer à t'inspirer sur Pinterest, je te conseille de chercher tous les types de styles que j'ai pu te présenter dans la partie précédente.

Tu peux rajouter « aesthetic » derrière en tapant par exemple « indie outfit aesthetic ». Cela t'aidera en général à avoir des looks proposés plus tendances, car plus récents.

Enregistre tout ce que tu aimes sur un tableau Pinterest, que tu peux par exemple classer en fonction des saisons ou des occasions.

Par exemple:

- inspirations tenues automne
- inspirations tenues de soirée
- inspirations tenues pour travailler
- inspirations tenues de vacances

Cela te permettra de venir piocher quand tu auras besoin d'inspiration dans l'un de ces tableaux et de t'amuser à recréer les looks en ajoutant ta touche personnelle, avec les pièces que tu auras déjà dans ton dressing.

Si tu as besoin de faire des achats, commence par bâtir ta garde-robe capsule, puis éventuellement fais des achats pour compléter avec quelques pièces plus originales. Tu peux également chiner des pièces de seconde main ou faire de l'upcycling, mais nous en reparlerons dans une prochaine partie.

2. Les réseaux sociaux

Les réseaux sociaux peuvent être à double tranchant quand il s'agit d'inspiration, car ils peuvent être également une source de comparaison qui est contraire à la créativité.

Cependant, c'est un endroit où l'on trouve beaucoup d'inspiration, notamment pour des looks du quotidien, cela est donc intéressant de s'y pencher un peu.

La plupart des plateformes, notamment Tiktok et Instagram, proposent de sauvegarder les contenus dans des sortes de tableaux de collection.

Tu peux ainsi, de la même façon qu'avec Pinterest, te créer des mood boards de tenues et de styles dont tu aimerais t'inspirer.

Je te conseille, en ce qui concerne les réseaux sociaux, de faire du tri et de ne suivre que des comptes qui t'inspirent et te font du bien, qui sont alignés avec ton nouveau toi et tes valeurs.

Crée-toi ton espace sur lequel tu trouveras de l'inspiration au quotidien sans te sentir mal. Et si tu ne peux pas te désabonner, il existe notamment l'outil sourdine sur Instagram qui permet de ne plus voir les contenus.

3. La presse papier et digitale

J'ai une affinité particulière avec la presse papier, qui m'a inspirée depuis mes onze ans avec la lecture de mon premier magazine féminin, *Glamour*, qui n'existe aujourd'hui plus en France, à mon grand regret !

Si les magazines féminins tendent à contenir de moins en moins de clichés sur la femme et deviennent de plus en plus inclusifs, ils peuvent parfois être encore trop léchés.

Cela reste tout de même une super façon de s'inspirer à travers les éditos et lookbooks, collections tendances et façons d'associer des pièces pour des looks ultra-pointus.

En effet, les journalistes mode ont un œil avisé sur des associations tendances, en reprenant souvent de bons basiques que l'on a souvent dans son dressing, mixés intelligemment avec les tendances de la saison.

En ce qui concerne la presse papier, je te conseille de découper les looks que tu aimes dans les magazines et de t'en faire un classeur, ou encore mieux des moodboards d'inspiration par saison.

4. La Fashion Week

Une autre de mes inspirations favorites : la Fashion Week !

Autrefois réservée à l'élite de la mode et aux célébrités, elle se démocratise de plus en plus.

Je vois maintenant de nombreuses jeunes personnes aller devant les lieux des défilés pour vivre la Fashion Week, même sans y entrer, à travers le streetstyle et l'effervescence mode de cet événement.

Elle a lieu dans différentes villes du monde telles que Paris, Milan, Londres, New York, Copenhague ou encore Berlin, plusieurs fois par an lors des collections Printemps-Été, Automne-Hiver pour la femme et l'homme en prêt-à-porter, mais aussi pour la haute couture ou des collections croisière.

Si tu n'as pas la possibilité de te rendre sur les lieux des défilés (que tu peux facilement trouver sur Tiktok, Instagram ou Twitter), tu peux suivre les looks des défilés sur le site tag-walk.com et y dénicher de l'inspiration sur les tendances de la saison ou des manières inédites de porter des pièces. Tu y retrouveras les looks des défilés, mais également les streetstyles.

Tu peux également y cibler des pièces en particulier, comme un pantalon par exemple, pour avoir des idées nouvelles d'associations avec cette pièce.

Cela te permet en outre de distinguer à l'avance les tendances éphémères de celles qui restent sur plusieurs saisons, étant donné que la Fashion Week est toujours présentée avec un temps d'avance sur l'arrivée des pièces en magasin.

MON MOODBOARD

TON MOODBOARD

Comment affirmer son style ?

Le style vestimentaire peut être un excellent moyen de se démarquer et d'affirmer sa personnalité.

Alors, comment affirmer son style simplement ?

Avec les accessoires

Les accessoires sont un moyen très simple de se démarquer et d'affirmer son style. Ils sont multiples et peuvent être portés seuls ou en accumulation.

Une simple tenue accessoirisée peut suffire pour affirmer son style et changer totalement une silhouette.

Nous parlerons plus en détail des différents types d'accessoires que tu peux utiliser dans une prochaine partie.

En ne suivant pas toutes les tendances

J'ai beau adorer les tendances, elles ont tout de même un point négatif : on porte tous plus ou moins la même chose.

En ne suivant pas toutes les tendances, on affirme plus facilement son style et on se démarque des autres. Cela permet d'avoir ce « je-ne-sais-quoi » qui fera notre signature mode, comme une touche 70s dans tous nos looks.

Cependant, il est aussi possible de se démarquer en adoptant les tendances, mais que l'on portera différemment, avec des associations inattendues, avec des coloris moins adoptés par tout le monde par exemple.

Avec les pièces originales et dans lesquelles tu te sens bien

Oser les pièces originales ou « statement » n'est pas du goût de tout le monde. Peu de personnes osent au quotidien porter une pièce de soirée par exemple, comme une jupe à paillettes.

Les pièces originales peuvent permettre de te démarquer des autres et des tenues plus faciles tout en affirmant ton style.

En revanche, il faut que tu te sentes bien dedans et pas déguisée pour être à l'aise.

LES 10 COMMANDEMENTS POUR AFFIRMER TON STYLE

1. Ose prendre des risques
Le fashion faux pas n'existe que dans le regard de l'autre !

2. Porte des couleurs qui changent
Les couleurs font la différence.

3. Sors des pièces statement
Celles qui te font de l'œil.

4. Joue avec les accessoires
Ils seront ton meilleur allié pour pimper tes looks.

5. Mélange les codes et les styles
Montre ta touche personnelle.

6. Détache-toi du regard de l'autre
Habille-toi pour toi et pas pour les autres.

7. N'aie pas peur de t'éloigner des tendances
Elles peuvent brider ta créativité.

8. Cultive ton charisme
Le charisme s'apprend par le langage corporel, l'attitude et la posture.

9. Sois toujours à l'aise dans ce que tu portes
C'est le plus important si tu veux te sentir bien.

10. Amuse-toi et fais-toi plaisir
La mode est un immense terrain de jeu qui n'attend que toi.

La garde-robe capsule

S'il y a bien une façon d'avoir un dressing complet, avec plein de combinaisons possibles et durables dans le temps, c'est de se faire une garde-robe capsule.

Qu'est-ce qu'une garde-robe capsule ?

C'est un concept très populaire depuis plusieurs années, alors que ça a plus ou moins toujours existé. C'est une sélection de pièces basiques et intemporelles qui vont toutes bien ensemble. L'idée est d'avoir un dressing composé de très peu de pièces, mais de très bonne qualité, et que ce soient de beaux basiques dans lesquels on se sente bien. Se lancer dans la création de sa garde-robe capsule va dans le courant du minimalisme, de plus en plus présent avec la prise de conscience écologique. On ne fait place qu'à l'essentiel et à des pièces qui parcourront les années.

Comment faire concrètement ?

Je propose personnellement de prendre du recul par rapport au concept de garde-robe capsule. Il est possible de le mettre en place tout en se faisant plaisir avec des pièces plus « statement », qu'on mettra pour certaines occasions ou qui seront plus originales.

Je trouve que c'est un super exercice de créativité et pour t'y initier, je te propose de commencer par composer dix tenues avec quatre hauts et quatre bas de ton dressing !

1RE TENUE :

LE HAUT :

LE BAS :

2E TENUE :

LE HAUT :

LE BAS :

3E TENUE :

LE HAUT :

LE BAS :

4E TENUE :

LE HAUT :

LE BAS :

5E TENUE :

LE HAUT :

LE BAS :

6e TENUE :

LE HAUT :

LE BAS :

7e TENUE :

LE HAUT :

LE BAS :

8e TENUE :

LE HAUT :

LE BAS :

9e TENUE :

LE HAUT :

LE BAS :

10e TENUE :

LE HAUT :

LE BAS :

Maintenant que tu as vu la facilité avec laquelle on peut créer une garde-robe capsule avec très peu de pièces, je te propose une petite liste non exhaustive de quelques pièces qui y auront leur place et qui traverseront les années :

BAS

- [ ] short en jean
- [ ] jean taille haute bleu
- [ ] jean taille haute noir
- [ ] jean droit
- [ ] pantalon de tailleur noir
- [ ] jupe simili cuir
- [ ] jupe droite ou tube
- [ ] cycliste noir ou chair à porter seul ou sous des robes / tee-shirts / tuniques

AUTRES PIÈCES CAPSULE

- [ ] petite robe noire
- [ ] robe colorée
- [ ] grand sac à main
- [ ] petit sac à main
- [ ] sac de soirée
- [ ] tote bag
- [ ] sac à dos
- [ ] paire de talons confortables
- [ ] paire de sneakers blanches
- [ ] bottines ou boots noires
- [ ] bottes hautes
- [ ] sandales

HAUTS

- [ ] blazer noir
- [ ] perfecto
- [ ] trench-coat
- [ ] veste en jean
- [ ] manteau d'hiver en laine
- [ ] doudoune
- [ ] chemise blanche
- [ ] débardeurs neutres (blanc, noir, gris...)
- [ ] tee-shirts col rond neutres
- [ ] tee-shirts manches longues neutres
- [ ] body noir ou chair
- [ ] sweat col rond
- [ ] sweat zip
- [ ] pull en laine
- [ ] col roulé

ACCESSOIRES

- [ ] bijoux or ou argent
- [ ] collants noirs mats et voiles
- [ ] sous-vêtements invisibles
- [ ] bonnet
- [ ] casquette ou chapeau
- [ ] foulard

Cette check-list est à adapter selon tes goûts, ton mode de vie, les pièces dans lesquelles tu te sens à l'aise, mais cela te donne une idée d'une garde-robe capsule. L'objectif étant de se tourner au maximum vers des matières de qualité pour pouvoir les garder facilement plusieurs années et, pour cela, la seconde main sera ta meilleure amie pour réduire les coûts, mais j'y reviendrai plus tard !

Trier son dressing

Trier son dressing est une étape essentielle pour y voir plus clair dans notre armoire et donner un souffle nouveau à son style. On a souvent tendance à accumuler des pièces que l'on ne porte plus, voire que l'on a jamais ou presque portées.

Maintenant que tu connais les rudiments de la garde-robe capsule, tu auras certainement envie d'épurer ton dressing pour y voir plus clair et avoir une bonne base avec laquelle démarrer ta nouvelle ère mode !

Avant

Après

Alors, comment trier son dressing ?

Commence par vider totalement ton dressing, si tu as beaucoup de pièces, je te conseille de procéder par catégories (les vestes, les robes, les sacs...).

Mets de côté tous les vêtements tachés, abîmés, décolorés. Ils seront à jeter ou à récupérer pour en faire des chiffons de ménage par exemple, ou encore de l'upcycling si tu as l'esprit créatif (j'y reviendrai plus tard).

Tu peux aussi mettre de côté toutes les pièces pour les « au cas où » qui n'arrivent jamais et ne garder que celles pour des occasions qui sont vraiment susceptibles d'arriver (un mariage par exemple, ou une soirée habillée selon ton mode de vie).

Si tu veux opérer un changement dans ton dressing ou ton style, c'est une étape longue et parfois laborieuse, mais nécessaire. Pour t'aider dans ton tri, je t'ai préparé un petit tableau.

Garde en tête que les pièces à conserver sont globalement les pièces qui te vont, que tu aimes porter, qui te font te sentir bien, les beaux basiques intemporels dont j'ai pu parler dans la partie sur la garde-robe capsule.

N'oublie pas qu'en amorçant du changement dans ton style, tu auras peut-être l'occasion de redécouvrir certaines pièces de ton dressing avec des associations nouvelles, des combinaisons de couleurs, une façon de porter différente. Mais ce n'est pas un prétexte pour tout garder !

Concernant les vêtements dont tu te sépareras, tu peux soit les revendre, soit les donner.

On trie :

les pièces que tu aimes / portes beaucoup / te vont / dans lesquelles tu te sens belle	les pièces que tu n'aimes pas / n'as pas porté / ne veux plus / ne te vont pas	les tenues qui feront ta base de garde-robe capsule

Cela va te permettre de voir quelles pièces tu dois acheter ou remplacer, et lesquelles tu dois éviter. Après le tri, prends le temps de visualiser l'ensemble de ta garde-robe et de voir s'il y a un équilibre entre les bons basiques, les belles matières, les pièces fortes, les accessoires.

Je te conseille aussi de te faire une garde-robe virtuelle à conserver les jours de panne d'inspiration. Tente des associations à plat et prends-les en photo, cela sera ta collection de tenues dans laquelle piocher les jours où tu n'as pas le temps ni l'envie d'y réfléchir.

En ayant fini ce grand tri, tu auras normalement l'impression de mieux respirer dans ton dressing ! En plus de te consacrer à toi avec un dressing de qualité et qui correspond à ton style, tu auras également fait une bonne action pour la planète.

Maintenant, fini les achats non réfléchis et un dressing plein à craquer, tu peux avoir des pièces qui te vont bien et dans lesquelles tu te sens bien. Et dans ton dressing, je suis certaine que tu as déjà de véritables pépites qui te feront redécouvrir les pièces que tu as déjà et qui seront la base de ton changement vestimentaire.

Quelques pistes pour te séparer des pièces que tu auras laissées de côté…

- faire des dons aux associations : tu peux contacter les associations autour de chez toi qui prennent les dons de vêtements ou les relais textiles pour les bacs collectifs. Les anciens vêtements sont réutilisés, upcyclés ou recyclés.

- revendre les vêtements : cela te permettra de remplir ton portefeuille pour investir éventuellement dans de nouvelles pièces pour enrichir ton dressing. Pour cela, les sites comme Vinted seront tes meilleurs amis, mais tu peux aussi vendre en brocante ou dans des vide-dressings. Il y a également le système de dépôt-vente auquel tu peux faire appel, mais je trouve que cette méthode est plus pertinente pour les pièces de luxe.
- le troc : il existe de multiples applis de troc aujourd'hui et même des boutiques, tu peux aussi organiser une session avec des amies par exemple.
- les échanges en magasin contre des bons d'achat ou de réduction : plusieurs magasins organisent ça désormais, en ligne ou en physique, où l'on peut scanner ou déposer des articles qui seront réutilisés ou recyclés. En échange, on reçoit un bon d'achat ou de réduction.

Dans un monde de surconsommation où l'industrie textile est l'une des plus polluantes de la planète, faire du tri régulièrement et prendre conscience de chaque achat est déterminant pour l'avenir et pour changer les choses. Je te donne quelques conseils pour des achats plus réfléchis et plus qualitatifs.

Les questions à te poser avant d'acheter :

- est-ce que j'achète pour combler un vide émotionnel ?
- est-ce que c'est simplement pour suivre une tendance, mais ça ne me correspond pas ?
- est-ce que la marque est alignée avec mes valeurs ?
- est-ce que j'ai déjà une pièce similaire dans mon dressing ?
- est-ce que je peux recréer cette pièce autrement ?
- est-ce qu'elle me va vraiment ?
- est-ce que je me sens belle dedans ?

- qu'est-ce que je pense de la matière ? De la coupe ?
- est-ce que je sais avec quoi et comment le porter ?
- est-ce juste le prix qui m'a attirée ?

La bonne pièce, c'est la pièce qui :
- te va
- te fait te sentir belle
- est alignée avec qui tu es
- va upgrader ton dressing
- sera portable.

Les uniformes

Est-ce que si je te disais que c'est LE secret le mieux gardé des filles stylées, tu me croirais ?

Après la garde-robe capsule, le concept d'uniforme est l'autre façon la plus simple d'avoir du style en toutes circonstances. Alors, qu'est-ce qu'un uniforme ?

Ici, on ne parle pas d'uniforme militaire, de pompier, de marin ou autre, mais c'est finalement un peu le même principe. L'idée est d'avoir une signature mode, qui permet d'être identifiable et qui fonctionne à tous les coups.

Le mix and match

Une technique que j'aime beaucoup en mode pour porter un œil nouveau sur les pièces de notre dressing : le mix and match !

L'idée est d'imaginer nos pièces d'une manière différente, de repenser les occasions pour lesquelles on pourrait les porter ou les façons de les porter, de penser à de nouvelles associations de couleurs, de motifs et de textures ou de matières.

Quelques idées pour faire du mix and match dans son dressing

- Mixer un intemporel avec une pièce statement originale.
- Penser à une nouvelle association de couleurs.
- Mélanger une pièce estivale avec un look d'hiver (comme une robe en satin que l'on vient réchauffer avec un col roulé et un collant épais).
- Une association de plusieurs imprimés.
- Une pièce à sequins dans un look casual de journée.
- Une pièce de sport avec des escarpins.
- Un tailleur avec des baskets.
- Un camaïeu de texture autour d'une même couleur.

Comment faire du mix and match avec de nouvelles associations de couleurs ?

En ce qui concerne les associations de couleurs, les tendances les dictent beaucoup. Mais n'hésite pas à tenter toi-même des associations inédites.

Mettre à jour ton dressing avec de nouvelles associations de couleurs va te permettre de te redonner de l'inspiration pour tes looks du quotidien et pour les occasions spéciales.

Tu peux également prendre en compte les couleurs tendances des saisons que tu peux notamment repérer facilement en magasin et dans les photos des défilés, ainsi que les couleurs de l'année Pantone.

Je te donne quelques idées d'associations que tu peux essayer.

Le camaïeu de couleurs

Par exemple, dans une tonalité de bleu avec du bleu marine, électrique, bébé et pastel.

Les couleurs froides contrastantes

Plusieurs tonalités froides, mais très contrastées, comme du lilas et du violet électrique.

Les couleurs chaudes contrastantes

Plusieurs tonalités chaudes, mais très contrastées, comme du marron chocolat et du marron très clair.

Les couleurs complémentaires

Ce sont par exemple le orange et le bleu, le rouge et le vert, le jaune et le violet, le rose et le vert-jaune.

Les couleurs pastel

Tu peux faire un joli camaïeu de couleurs pastel, très doux et ultra-tendance.

Les intemporelles

Les couleurs neutres et intemporelles comme le bleu marine et le noir, le crème et le camel, le gris et le marron.

Les couleurs chocs

Des couleurs vives et acidulées pour marquer les esprits !

Tu peux également t'inspirer de ta palette de base recommandée en fonction de ton type de colorimétrie pour privilégier les couleurs qui mettent naturellement ton teint en valeur.

Les bonnes associations de pièces

Les bonnes associations de pièces font la différence lorsqu'elles sont parfaitement équilibrées. Un look équilibré donne une certaine allure, même avec de beaux intemporels.

Tu peux par exemple associer un vêtement très original avec de bons basiques qui viendront calmer le look, en mixant une pièce de luxe avec des pièces plus fast fashion, des pièces vintages ayant un vrai ADN mode avec des pièces neuves…

L'équilibre se fait aussi par les coupes et les volumes. Si tu aimes l'oversize, je te conseille de toujours mixer une pièce oversize avec une autre plus cintrée (par exemple un baggy avec un top court et cintré). Tu peux également cintrer les volumes à l'aide d'accessoires comme une ceinture ou un sac en bandoulière, ou faire apparaître de la peau à certains endroits.

L'équilibre des tenues passe bien évidemment par les pièces que tu as dans ton dressing : je te conseille d'avoir toujours une part de bons basiques que tu pourras mixer avec des pièces plus originales et statement. Nous allons voir également comment les accessoires peuvent faire toute la différence dans ton dressing !

Le layering

Le layering est une technique mode qui consiste à empiler les couches de vêtements pour avoir des looks plus travaillés et plus mode, ou tout simplement pour avoir des looks plus chauds en hiver.

Le but est que cela ne gratte pas et ne nous fasse pas transpirer, il convient donc de commencer par enfiler les matières les plus douces et respirantes avant les plus brutes.

Alors, comment porter le layering en pratique ? Voici quelques indispensables pour pratiquer cette technique.

1. Les vêtements thermiques

Ce sont des vêtements avec une matière qui retient la chaleur, il en existe de toutes sortes : tricot de peau, legging, tee-shirt à manches courtes ou à manches longues…

Ces vêtements évitent également de transpirer.

2. Les collants et chaussettes hautes

Tu peux les cumuler avec par exemple un combo collant fin et grosses chaussettes en laine.

3. Les cols roulés

Un basique du layering pour réchauffer tes looks. Il existe également des cols sans le pull, que l'on vient juste glisser sous un pull à col rond ou une chemise par exemple.

4. Les pièces pour styliser

Pour un atout mode supplémentaire, quelques pièces te permettront de styliser tes looks en layering, comme un pull sans manches ou une chemise à boutons.

Mais le layering n'est pas seulement réservé au temps froid, on peut aussi l'adopter pour les beaux jours en privilégiant des matières plus respirantes et légères comme le satin, la soie, le lin, etc.

Le layering a le pouvoir de rendre très simplement une tenue beaucoup plus stylée.

Quelques idées d'associations en layering :

- une chemise sur un col roulé et un blazer par-dessus ;
- une robe nuisette en satin sur un pull et avec un collant ;
- un top et une chemise en lin ouverte ;
- une chemise sous un pull pour un effet preppy ;
- un manteau sur un ensemble tailleur ;
- une veste en jean sous un manteau en laine ;
- un col qui dépasse sous un pull à col en V ;
- un gilet sans manches sur une robe pull ;
- un gilet sans manches sur une chemise.

Les possibilités sont aussi nombreuses que les idées que tu peux avoir ! Tu verras que plus tu essaieras de combinaisons avec du layering, plus tu auras d'idées.

C'est une bonne façon de redécouvrir des pièces de ton dressing et de les porter d'une autre façon.

Le layering peut être la touche qui change tout, car cela donne tout de suite plus d'allure et de style à une tenue.

Pour éviter l'effet bonhomme Michelin, privilégie des couches fines, mais avec des matières de qualité. Pour l'hiver, elles permettent d'avoir de la chaleur avec des couches de plus en plus fines.

Pour des tenues réussies, n'hésite pas à te référer aux parties sur la colorimétrie et les couleurs pour trouver des associations flatteuses et originales, en imaginant par exemple un layering autour d'un camaïeu de couleurs.

Quelques pièces que tu possèdes peut-être déjà dans ton dressing pour le layering :

- un blazer oversize
- un manteau en laine
- une chemise à boutons
- un gilet ou une veste sans manches
- un gilet à boutons
- un sweat à capuche
- une veste en jean

Le conseil supplémentaire : n'hésite pas à regarder sur les réseaux sociaux pour des idées de looks avec le mot-clé layering et à te faire un petit tableau d'inspiration d'associations à recréer à la maison.

PRADA
MILANO

Les accessoires pour pimper son style

Les accessoires ont le pouvoir de radicalement changer une tenue et de la faire passer d'une tenue basique et sans âme à une vraie tenue trendy.

Petit tour d'horizon des accessoires que tu peux ajouter à tes looks pour les pimper !

Pense à de nouvelles accumulations d'accessoires se mariant parfaitement à tes tenues, ou au contraire qui feront le détail d'originalité.

Tu peux également porter les accessoires pour t'aider à avoir facilement un look plus osé sans passer par les vêtements, avec par exemple une pièce très colorée.

- Bijoux : minimalistes seuls ou en accumulation, en grosses pièces statement, colorés... Je te conseille d'opter pour des modèles classiques en acier inoxydable ou or/argent, que tu pourras agrémenter avec des pendentifs ou médailles éventuellement.
- Lunettes de soleil : classiques, XXL, modernes et colorées, 90s ou 70s, les possibilités sont aussi nombreuses que les modèles !
- Chapeaux : en laine pour un côté classique chic ou boho, en paille pour un look cottage core, un bob pour une touche streetwear, béret pour un côté parisien...
- Casquette : parfaite pour un look athlétique chic ou pour relever un look un peu classique.
- Chaussures : escarpins, baskets, boots rock, santiags, babies...
- Sac : XXL ou minimaliste, en crochet, à paillettes ou avec un détail chaîne, porté à la main, à l'épaule ou en banane.

- Gants et mitaines : à porter sur les manches d'un blazer ou un manteau pour un effet couture, des mitaines pour un effet grunge ou Y2K, etc.

- Foulard : à porter sur le sac, dans les cheveux noué ou posé, en top ou en ceinture.

- Collants et bas : collants fantaisie ou dentelles, bas façon chaussettes preppy…

- Ceintures : en plus d'ajuster la taille, elles peuvent être une véritable touche mode en ceinturant, en fermant différemment un manteau ou une veste, en redessinant une forme.

Si je te parle dans ce livre de mesurer tes achats et d'y réfléchir, les accessoires sont un bon moyen de renouveler facilement sa garde-robe à moindre coût. Bonne nouvelle, ils sont très facilement trouvables en friperie, en magasin ou en ligne. C'est aussi une bonne option pour un premier achat luxe que tu pourras garder des années.

L'accessoire a le pouvoir de donner une vraie identité à un look, alors n'hésite pas à faire des essais avec une tenue et plusieurs façons de l'accessoiriser pour changer totalement son ADN.

MA TENUE : ....

....

....

5 FAÇONS DE L'ACCESSOIRISER

MA TENUE : ....

....

....

MA TENUE : ....

....

....

MA TENUE : ....

....

....

MA TENUE : ....

....

....

MA TENUE : ....

....

....

La seconde main & l'upcycling

L'industrie textile est l'une des plus polluantes dans le monde aujourd'hui. Dans cette partie, j'avais envie de te parler de solutions intermédiaires pour consommer la mode sans surconsommer et avec moins d'impact sur l'environnement.

Le fast fashion incite sans cesse à changer les pièces de notre dressing avec toutes les nouvelles collections et tendances. Sur certains sites d'ultra-fast fashion, c'est plus d'un millier de nouveaux articles référencés chaque jour.

Ajoutons à cela des droits humains souvent non respectés pour les travailleurs, mais aussi du vol de design de petits créateurs pour certains modèles.

J'ai pour ma part beaucoup consommé de fast fashion par le passé, participant à cette spirale infernale de la surconsommation et du vêtement jetable. Mais j'ai changé totalement ma consommation depuis un an environ. Je me tourne désormais à 80 % vers les vêtements de seconde main, alors que le vintage avait auparavant environ 40 % de place dans mon dressing.

Il est primordial de revoir sa consommation de vêtements et de s'informer sur les marques auprès desquelles tu achètes tes vêtements ; pour cela je te conseille de regarder sur YouTube de nombreuses vidéos permettant de se renseigner sur l'ultra-fast fashion, et ses conséquences pour la planète, mais aussi sur les conditions de travail des ouvriers.

Je pense que l'on peut avoir une consommation de plus en plus raisonnée en passant par une période de transition, comme je l'ai fait pour moi. Je consomme aujourd'hui encore quelques pièces de fast fashion, mais seulement quand il s'agit vraiment d'un coup de cœur que je ne pourrai pas retrouver ailleurs.

Il existe de multiples façons de consommer et concevoir la mode autrement, et voici mes pistes préférées :

La slow fashion

Ce mouvement mode se veut durable et éthique à travers une consommation de vêtements de qualité composés de matériaux durables. Les conditions de production sont respectueuses de l'environnement et de la condition des travailleurs.

La seconde main

La seconde main, c'est le moyen pour consommer mieux tout en ayant des pièces originales et tendances. Réutiliser les pièces permet de donner une seconde vie à un vêtement.

Éviter la production d'un vêtement neuf permet de faire beaucoup d'économies en termes d'énergie, de transport, de fabrication, d'utilisation de matières premières.

C'est aussi un moyen de faire des économies et de payer moins cher tes pièces en te faisant plaisir à moindre coût.

Mon site préféré pour shopper de la seconde main reste Vinted, un catalogue géant qui permet à la fois de trouver des pépites vintage comme des vêtements plus récents et actuels.

C'est aussi là que je déniche des trésors de luxe d'occasion à des prix très intéressants.

L'inconvénient des plateformes comme Vinted , c'est que les articles sont tout de même envoyés, ce qui a donc tout de même un impact, bien que plus faible qu'en achetant un vêtement neuf.

Pour éviter cela, je te conseille au maximum de passer par les ventes en main propre, si c'est possible pour l'article que tu as repéré en cherchant des vêtements autour de chez toi.

Tu peux également te tourner vers les friperies physique, pour pouvoir en plus essayer directement les pièces et toucher les matières.

Pour ce qui est de la seconde main, je te conseille d'investir au début dans de belles pièces durables et intemporelles, comme une veste en jean vintage, un trench beige ou encore un perfecto en cuir.

L'avantage de la seconde main est aussi que la mode est un éternel recommencement, les tendances d'hier font les tendances d'après-demain, tu peux donc facilement garder des pièces des années en évitant les micro-tendances qui sont toujours plus éphémères.

L'upcycling

Une autre façon de mieux consommer est l'upcycling, une manière encore plus marquée de donner une seconde vie à ses vêtements.

Il existe de nombreux tutoriels sur internet et sur les réseaux sociaux ne nécessitant pas de grandes compétences en couture, comme changer la longueur d'un vêtement ou la coupe avec juste une paire de ciseaux, un fil et une aiguille.

Tu peux également trouver de nombreuses entreprises qui font de l'upcycling sur des pièces et avec des morceaux de tissu récupérés. Elles te permettent soit d'acheter une pièce upcyclée directement, soit d'upcycler une pièce de ton dressing.

Si tu as envie de le faire toi-même, mais que tu ne sais pas comment t'y prendre, tu peux également trouver des ateliers d'upcycling pour apprendre à réaliser une pièce, comme un bob en patchwork. Une façon fun d'allier la mode et une activité originale !

La location de vêtements

J'ai commencé à utiliser le système de location de vêtements cette année et je suis également séduite par cette alternative.
Il existe de nombreux sites, comptes Instagram et applications pour louer des vêtements le temps de quelques semaines, jours ou juste pour une soirée.

Je trouve que c'est une très bonne idée quand on a envie de changer souvent de style sans investir dans des pièces. Pour cela, tu pourras te tourner vers un système d'abonnement mensuel sans engagement pour recevoir chaque mois une ou plusieurs pièces.

Mon occasion favorite pour utiliser la location de vêtements, c'est une soirée. On a souvent tendance à porter une robe ou une tenue pour une soirée et à délaisser la pièce ensuite dans notre dressing. La location permet d'avoir une jolie pièce, sans gaspiller un vêtement que l'on ne portera qu'une ou deux fois.

Le troc

Le troc est l'une des dernières alternatives que j'aime utiliser en mode.
Il peut s'agir d'emprunter une pièce à quelqu'un de ta famille ou de tes amis, ou encore faire du troc via une plateforme en ligne ou dans l'une des boutiques qui le proposent en France.

En effet, certains sites sont dédiés au troc et permettent de faire un deal d'échange de pièces sans achat financier. Il existe le même principe dans certaines boutiques, où l'on peut déposer un objet ou un vêtement et en prendre un autre en échange.

Tu peux également organiser une « troc party » avec des amis ou des proches, où chacun amène des pièces dont il ne veut plus dans son dressing et procède à un troc où tout le monde est gagnant !

Être à l'aise dans son corps

Et si l'on apprenait enfin à aimer son corps et à s'accepter ?

Je sais que ce n'est pas l'étape la plus simple ni la plus évidente pour tout le monde, en fonction du rapport et du passif que l'on a avec son corps. N'hésite pas à consulter un professionnel pour t'aider à accepter et aimer ton corps comme il est si le problème est trop profond. Ton corps tu l'as toute ta vie, alors autant avoir de bons rapports avec lui !

Voici quelques clés pour être à l'aise avec ton corps :

1. Apprends à le connaître

Prends le temps de te regarder, d'en parcourir les moindres détails, mais aussi d'aller au-delà de l'étape esthétique et de le voir dans sa totalité, inside and out.

Renseigne-toi sur le fonctionnement du corps humain, l'importance de chaque partie de ton corps.

Comprendre l'utilité de ton corps va te permettre d'apprendre à le chérir et de te rendre compte à quel point tout est parfaitement fait.

2. Consacre-toi à ton corps et pas à celui des autres

Les complexes viennent souvent du regard que l'on porte sur son corps par rapport à celui des autres. Les réseaux sociaux, les médias ou encore la culture nous bombardent de références de ce que devraient être les corps parfaits. A contrario, le mouvement Body Positive a une place de plus en plus importante, notamment sur les réseaux sociaux. Éloigne-toi de toute cette marketisation du corps et recentre-toi sur le tien. Apprends à l'aimer en le chérissant, en le touchant, en le modelant si tu le souhaites. Si le mouvement Body Positive te fait du bien, suis des comptes sur les réseaux sociaux en rapport avec ce mouvement.

3. Sois bienveillante avec ton corps

La bienveillance envers toi-même doit être à tous les niveaux, y compris esthétique. Sois bienveillante avec ton corps, ne sois pas ta propre ennemie et essaie de le regarder comme quelqu'un qui le chérirait. Réconforte-toi comme tu le ferais avec un enfant.

4. Prends soin de lui

Prendre soin de soi a plusieurs définitions, à toi de trouver la tienne et celle qui te fera du bien ! Cela peut passer par une alimentation saine, se masser le corps, habiller ton corps avec des vêtements qui te font du bien, te faire des compliments physiques, prendre un bain, pratiquer une activité sportive, etc.

5. Focalise-toi sur tes atouts et ce que tu aimes

Même s'il ne s'agit que de tes yeux au début, focalise-toi sur ce que tu aimes dans ton corps et mets-le en avant. Puis, petit à petit, élargis la zone de ce que tu aimes en te consacrant partie par partie à chérir ton corps jusqu'à arriver à ton corps entier.

Let's Glow !

TIME TO GLOW !

En soin du visage, ce n'est pas toujours facile de s'y retrouver entre tous les produits disponibles sur le marché, les marques, les actifs différents, les types et les problématiques de peau.

J'avais envie dans cette partie d'en décoder un peu les bases pour prendre soin de ta peau et la chouchouter au maximum, mais aussi de te confier quelques astuces beauté que j'aime utiliser.

Comment fonctionne la peau ?

La peau du visage est très dépendante de notre hygiène de vie, notamment l'alimentation, le sommeil, le tabac ou l'alcool, mais aussi les agressions extérieures comme la pollution ou encore le soleil. Étant donné qu'elle est sans cesse à l'air libre, elle est beaucoup plus exposée aux agressions extérieures que les autres parties de notre corps et a donc besoin de plus de soin.

La peau, qui est le plus grand organe de notre corps, est constituée de trois couches :

- l'épiderme : la partie la plus superficielle, celle qui est en contact avec l'extérieur. C'est la partie que l'on va pouvoir toucher. Elle permet de protéger le corps des agressions extérieures, notamment les UV, mais également les microbes !
  Elle est recouverte de ce qu'on appelle le film hydrolipidique, un mélange de sébum, de sueur, de résidus de substances issues de la kératinisation et d'eau, qui la protège naturellement des bactéries et champignons et participe à sa souplesse.

- le derme : la couche la plus épaisse de la peau qui contient plusieurs glandes, notamment les glandes sébacées produisant le sébum, les glandes sudoripares produisant la sueur, mais aussi les tissus comme le collagène, le sang et les terminaisons nerveuses. Elle forme une autre barrière protectrice.

- l'hypoderme : la couche la plus profonde de la peau constituée de graisse. C'est un tissu adipeux qui permet de protéger encore, mais aussi de réchauffer le corps grâce à la graisse notamment.

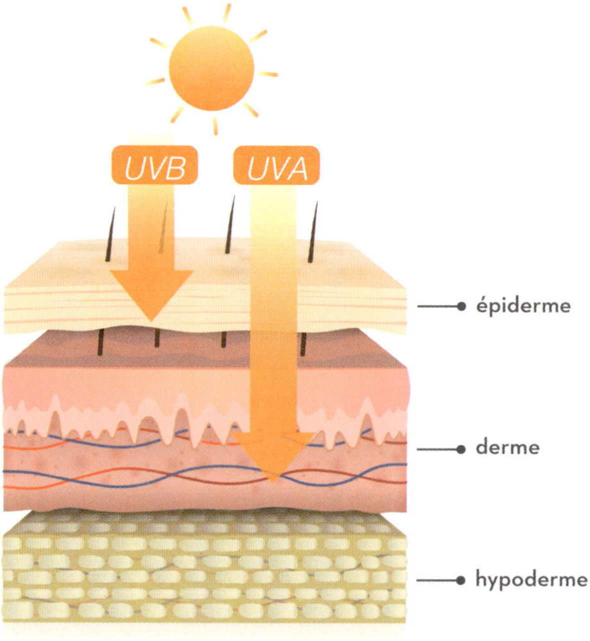

La peau du visage est plus fine que celle du reste du corps et donc plus sensible, surtout avec son exposition constante aux agressions extérieures. Elle a donc davantage tendance à être marquée par des problématiques telles que les rides, rougeurs, taches, déséquilibres, imperfections...

Les types de peau

Pour prendre soin de ta peau, il est indispensable d'en connaître son type afin de lui offrir les soins dont elle a besoin. Je vois encore autour de moi beaucoup de personnes utilisant des produits non adaptés.

Le soin de la peau est quelque chose de personnel, ce qui marchera pour une personne ne sera pas forcément adapté à la problématique d'une autre.

Il existe quatre principaux types de peau : grasse, mixte, normale et sèche, auxquels peuvent s'ajouter des spécificités comme les peaux sensibles ou matures par exemple.

La peau grasse

Le grain de peau est irrégulier, les pores sont dilatés et visibles. La peau a un aspect plutôt luisant, elle est sujette aux imperfections. Elle peut se déséquilibrer facilement et se déshydrater. La sécrétion de sébum peut être particulièrement accentuée par le stress ou encore les agressions extérieures.

Mes conseils pour la peau grasse :

Pratique le double nettoyage (j'en reparle en détail plus loin). Applique des soins fluides spécifiques pour les peaux grasses. Tu peux également te tourner vers des hydratants matifiants.

La peau mixte

La peau mixte est une peau qui a plusieurs types en une. L'excès de sébum se situe sur la zone « T » (front, nez, menton), avec un grain de peau irrégulier et des pores visibles et dilatés. Les joues vont être normales à sèches. L'idée est de stabiliser le sébum sur la zone T en gardant l'hydratation, voire la nutrition sur les joues.

Mes conseils pour la peau mixte :

Utilise des produits spécifiques selon les zones de ton visage : un nettoyant doux pour les joues et un nettoyant spécifique pour les peaux grasses de la zone T. Pour les masques et gommages, utilise la technique du multimasking en appliquant plusieurs masques en fonction des besoins de ta peau selon la zone.

La peau normale

La peau normale est lisse et confortable, sans imperfection ni sensation de tiraillements. Les niveaux d'eau et de gras sont équilibrés et le grain de peau est régulier. Les pores sont petits et l'aspect mat.

Mes conseils pour les peaux normales :

Elles sont plus faciles à chouchouter, mais nécessitent tout autant d'hydratation, un nettoyage contre la pollution et les résidus de maquillage et une protection contre les UV, alors ne la néglige pas pour en préserver son équilibre.

La peau sèche

Le grain de peau est fin, la peau tiraille et manque d'éclat. Elle ne produit pas assez de sébum, la peau a tendance à se déshydrater. Elle laisse une sensation d'inconfort et peut présenter des zones de desquamation.

Mes conseils pour les peaux sèches :

Utilise des produits doux maintenant l'hydratation de la peau. Applique des soins hydratants protecteurs le matin et un soin nourrissant le soir. Utilise des masques pour hydrater intensément ta peau. Tu peux également utiliser des huiles pour masser ta peau.

Les spécificités de la peau

L'état de santé de la peau peut être amené à varier tout au long de ta vie.

Beaucoup de facteurs internes et externes entrent en compte, notamment les variations climatiques, la pollution, le stress, les changements hormonaux, l'alimentation et l'hygiène de vie, l'exposition aux rayons UV, la prise de médicaments, mais aussi des facteurs héréditaires.

Tous ces facteurs peuvent avoir des effets sur l'hydratation, la production de sébum, la transpiration, le vieillissement de la peau…

Il faut donc que tu sois sans cesse à l'écoute des besoins de ta peau et des évolutions de celle-ci.

Je voudrais te parler de quelques problématiques de peau en particulier.

Le vieillissement de la peau

Notre peau évolue avec l'âge, elle peut passer d'une peau grasse à une peau normale, voire sèche. La peau perd en volume et densité avec l'âge, la production de collagène s'amenuise et les rides et ridules font leur apparition.

Pour éviter de faire subir à ta peau les effets de l'âge très tôt, pense à bien en prendre soin et particulièrement à la protéger des UV, premier responsable du vieillissement prématuré de la peau.

Les peaux sensibles

Une peau sensible est plus réactive que la normale.

Si ta peau brûle, s'irrite facilement, présente des démangeaisons, des picotements, des signes de brûlure, des rougeurs, tu as très certainement la peau sensible. Elle est particulièrement sensible aux sensations physiques (chaud, froid, vent…), chimiques (actifs de produits, nettoyages trop agressifs, eau calcaire…), psychologiques (stress) et hormonaux.

Pense à bien tester les produits avant de les utiliser, à protéger encore plus ta peau des agressions extérieures et à réguler ton stress.

L'acné

L'acné est une maladie qui touche de nombreux jeunes, mais aussi adultes.

Le sujet de l'acné est vaste et complexe. La première étape est de déterminer le type d'acné que tu as pour pouvoir utiliser les bons produits et le bon protocole. Si tu as des problèmes d'acné, je te conseille le livre de mon amie Myriam Ben Souilem, une bible de l'acné : *Dis adieu à ton acné grâce au Skincare !* Tu peux également retrouver plein de conseils gratuitement sur ses réseaux sociaux sous le pseudo Myssyjym, c'est la spécialiste de l'acné et elle t'aidera à décoder le type de boutons que tu as, mais aussi à comprendre tous les actifs parmi tout ce qui est proposé actuellement sur le marché du skincare pour cette problématique.

Prendre soin de sa peau : les règles de base

Prendre soin de sa peau, c'est adopter les bons gestes avec quelques règles de base.

Avoir une bonne hygiène de vie

La peau est impactée par notre hygiène de vie, alors mets les chances de ton côté pour avoir une peau saine en adoptant une alimentation équilibrée, en évitant le tabac et l'alcool par excès et en faisant de bonnes nuits de sommeil. Tu sais maintenant à quel point le sommeil est important pour ton corps, mais il l'est également pour réparer les cellules de ta peau.

L'excès de sucre, par exemple, mais aussi l'excès de graisses animales favorisent l'apparition de boutons. Pense également à bien t'hydrater en veillant à consommer un litre et demi d'eau par jour minimum, à adapter en fonction du temps et de ton activité physique.

Choisir de bons produits de soins adaptés à ton type de peau

On n'a qu'une peau et qu'un visage, alors chouchoute-les. Pense à regarder les compositions en te renseignant sur l'utilité ou non de chaque ingrédient, ce qu'il apporte (tout n'est pas mauvais en fonction des problématiques !), à prendre du recul par rapport aux applications de scan qui ne sont pas toujours fiables, et à ne pas te faire happer par le marketing.

Si tu as un budget restreint, beaucoup de produits peuvent être inutiles et tu n'as pas forcément besoin d'avoir une énorme routine beauté pour prendre soin de ta peau ni d'utiliser des produits chers. De très bonnes marques abordables présentent aujourd'hui d'excellents produits respectueux de ta peau.

Avoir une routine

Ta peau met trente jours à se renouveler et, en fonction des actifs, cela peut aller jusqu'à plusieurs mois pour qu'ils produisent leurs effets. Je te conseille de te tenir à une routine pour en voir les résultats.

Les erreurs à éviter

Percer ses boutons est l'une des erreurs numéro 1 en soin de la peau, cela favorise la prolifération bactérienne, mais aussi l'apparition de cicatrices. Si jamais la tentation est trop grande ou qu'un point blanc risque de perturber ton rendez-vous, pense à bien te laver les mains et à être très délicate.

Le soin de la peau exige d'éviter certains écueils pouvant temporairement, voire définitivement, altérer la qualité de la peau.

Le soleil est l'autre grand ennemi de la peau, il favorise l'apparition de boutons après l'exposition, car il épaissit la peau ce qui favorise les imperfections. Il est aussi responsable du vieillissement des cellules et de l'apparition de taches et augmente le risque de cancer de la peau.

Pour ces raisons, il faut porter un soin SPF toute l'année, car les UV sont présents toute l'année (même quand il pleut !). Privilégie une crème solaire non comédogène pour éviter l'apparition de boutons.

Les bons gestes

Nettoyer

Le nettoyage passe par une étape démaquillage obligatoire tous les soirs si tu es maquillée. Le maquillage bouche les pores, favorise les imperfections, ternit le teint. La composition du maquillage est souvent assez mauvaise également, et nous avons tendance à y faire moins attention que pour les produits skincare. Exit les lingettes démaquillantes souvent inefficaces et en plus très mauvaises pour l'environnement : on adopte les cotons lavables en machine. Tu peux également utiliser un baume démaquillant à rincer directement et à utiliser sans coton.

Si ta peau n'est pas sensible, je te conseille le double nettoyage en utilisant après le démaquillage un nettoyant adapté à ton type de peau.

Il existe des nettoyants ciblant les problématiques de peau comme les imperfections (BHA, PHA…), mais aussi des nettoyants très doux pour les peaux plus sensibles ou sèches. N'oublie pas de nettoyer doucement ta peau, l'idée n'est pas de la décaper. Fais des mouvements doux et légers, circulaires. N'hésite pas à appliquer une brume d'eau thermale après le rinçage si ton eau est calcaire, et sèche délicatement ta peau en tapotant avec une serviette propre et douce.

Soigner

C'est à cette étape que tu peux ajouter d'éventuels produits comme un tonique, un sérum ou encore des produits spécifiques comme les eaux florales. La lotion est particulièrement utile, car elle permet de rééquilibrer le pH de la peau, qui est de 5,5. L'eau peut donner à la peau un pH jusqu'à 9,5, ce qui peut vraiment la déséquilibrer. Applique la lotion en tamponnant ta peau.

Hydrater

Toutes les peaux ont besoin d'hydratation. Matin et soir, il faut que tu aides ta peau à restaurer l'hydratation. L'hydratant est à adapter selon ton type de peau.

Pense à bien appliquer ton hydratant du centre du visage vers l'extérieur, en n'oubliant pas le cou et le décolleté. S'il te reste de la crème, tu peux même l'utiliser sur les mains.

N'oublie pas le contour des yeux, car c'est une zone très fragile à la peau encore plus fine.

Protéger

Utiliser une crème solaire le matin quotidiennement est un geste beauté encore trop souvent oublié. Elle permet de ralentir le vieillissement cutané, d'éviter les taches, de lutter contre l'acné, les rougeurs, l'hyperpigmentation et de limiter les risques de cancer de la peau. Ça vaut le coup de la rajouter à notre routine beauté, n'est-ce pas ?

Prendre soin de son corps

Le massage du visage

J'ai découvert les bienfaits du Gua Sha il y a peu de temps et je suis devenue accro à cet outil. Il est génial pour masser le visage et prendre soin de sa peau en plus des soins habituels.

Il est devenu très tendance ces deux dernières années grâce aux réseaux sociaux, mais c'est un outil utilisé depuis très longtemps en médecine traditionnelle chinoise.

Le mot Gua Sha veut dire « presser » et « rougeur ».

L'idée est d'utiliser cet outil pour activer la circulation sanguine et permettre aux toxines d'être éliminées par l'organisme grâce aux ganglions lymphatiques.

Il peut avoir plusieurs formes, mais il a toujours une surface douce et polie avec des bouts permettant d'épouser facilement les courbes du visage.

Les bienfaits du Gua Sha

Les bienfaits du Gua Sha sont multiples car, notamment, il :

- détoxique la peau
- aide à dégonfler
- lisse les traits
- ralentit l'apparition de ridules et rides
- aide à l'absorption des soins
- dynamise
- illumine le teint
- tonifie et raffermit
- aide à diminuer les cernes et les poches

Comment utiliser le Gua Sha ?

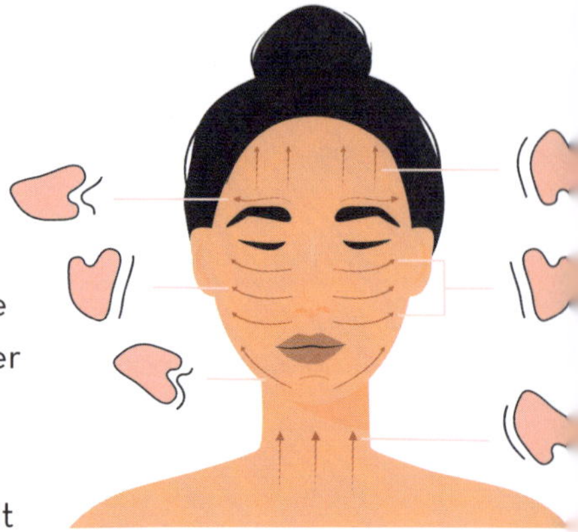

J'aime utiliser le Gua Sha avec un produit huileux plutôt qu'une crème, car cela facilite le massage. Il ne peut pas être utilisé sur une peau nue, car l'outil doit glisser et non accrocher sur la peau.

Voici un petit schéma descriptif sur comment et dans quel sens utiliser le Gua Sha, mais il faut globalement toujours aller du haut vers le bas et du milieu du visage vers l'extérieur, pour suivre les mouvements naturels de la circulation de la lymphe.

J'utilise personnellement le Gua Sha le soir, car j'ai plus de temps pour me masser le visage, mais je l'utilise aussi parfois le matin, quand mon visage est gonflé ou quand j'ai le teint un peu terne. Le soir, il me permet plutôt de lisser mes traits et de me détendre, le matin il m'aidera à dynamiser ma peau en réactivant la microcirculation sanguine.

Après l'utilisation du Gua Sha, la peau peut être légèrement rougie, ce qui est tout à fait normal.

Les pierres souvent utilisées pour le Gua Sha

- Jade
- Obsidienne
- Quartz rose
- Améthyste

Qu'en est-il du Roll-on et du Mushroom ?

Le Roll-on est plus populaire que le Gua Sha, mais je le trouve moins efficace, car il épouse moins les formes du visage.

Quant au Mushroom, il sera parfait pour tout ce qui est zones autour des yeux et contour des lèvres. Mais si je devais t'en recommander un seul parmi les trois, ce serait le Gua Sha, qui combine tous les outils et qui est le plus efficace.

Le brossage à sec

Le brossage à sec est une technique de beauté corporelle assez ancienne, qui est plutôt connue et pratiquée en Asie. Cela consiste à se brosser la peau à l'aide d'une brosse sans avoir humidifié la peau et sans utiliser aucun autre produit, à sec.

C'est une technique qui va aider à relancer la circulation de la lymphe et la circulation sanguine.

À quoi sert la lymphe ?

La lymphe est un liquide corporel organique qui entoure les cellules du corps. Elle circule à travers le système lymphatique. Elle nettoie l'organisme des agents infectieux et aide à déclencher le système immunitaire.

La circulation de la lymphe dépend de nos mouvements musculaires et de notre respiration notamment.

La technique du brossage à sec va permettre à ton organisme de se nettoyer à la fois des cellules mortes sur l'épiderme, mais aussi d'aider à fluidifier la circulation de la lymphe et donc d'épurer l'organisme.

Quels sont les bienfaits du brossage à sec ?

Le brossage à sec aide dans un premier temps à exfolier la peau en éliminant les cellules mortes qui sont en surface sur l'épiderme. L'action du frottement de la brosse enlève l'excès de peaux mortes et d'impuretés. La friction de la brosse sur la peau permet de réactiver la circulation sanguine, ce qui participe à l'élimination des toxines et à l'oxygénation des tissus.

L'action exfoliante du brossage à sec permet de rendre la peau douce et d'avoir une meilleure absorption des produits cosmétiques corporels.

Comment faire correctement un brossage à sec ?

Pour faire correctement les mouvements de brossage à sec, il faut l'utiliser de bas en haut, dans le sens de circulation du système lymphatique et de l'évacuation vers les ganglions lymphatiques. Ils sont situés principalement au niveau de l'aine, des aisselles et du cou.

Le brossage à sec a un effet détox anti-âge très apprécié. Il peut être indiqué pour tous les types de peau, avec une précaution particulière pour les peaux les plus sensibles au début, qui devront s'habituer progressivement à cette nouvelle routine beauté.

Je te conseille d'utiliser une brosse avec des poils plutôt souples, et si possible en fibres naturelles, qui soit facile à manier et à tenir dans la main.

J'utilise personnellement le brossage à sec avant la douche le soir, une fois par jour.

Je frotte l'ensemble de mon corps, de bas en haut en évitant soigneusement les zones irritées de ma peau, et le visage ainsi que le cou qui ont une peau plus fine.

Il faut avoir un mouvement léger et ne pas trop forcer en exerçant une pression trop forte. Je l'utilise en mouvement circulaire.

Je commence en général par les pieds, puis je remonte le long des jambes en passant ensuite par le bassin, puis le torse, le dos et les bras, toujours de bas en haut.

J'aime personnellement enchaîner avec une douche en utilisant un soin lavant non agressif en huile de douche, qui va permettre de nourrir ma peau.

Quels sont les bienfaits du brossage à sec ?

Le brossage à sec, en plus de son action exfoliante et sur le bon fonctionnement du système lymphatique, va agir sur la cellulite et la rétention d'eau.

Il va actionner une meilleure circulation, entraînant une baisse de la cellulite et du stockage des graisses (à combiner avec une alimentation équilibrée et de l'exercice physique bien sûr !).

Quelles sont les contre-indications du brossage à sec ?

Évite absolument de faire du brossage à sec sur une peau lésée, avec des soucis comme l'eczéma ou le psoriasis, mais aussi sur les boutons d'acné.

Frotte également avec douceur sur les peaux sensibles et très sèches, présentant par exemple des zones de sécheresse.

Le brossage est déconseillé sur le ventre des femmes enceintes et sur des cicatrices récentes.

Et après le brossage à sec ?

Comme je te le disais plus haut, j'aime personnellement enchaîner le brossage à sec par une bonne douche ! Cela permet de vraiment retirer les impuretés de ma peau et les cellules mortes.

Je te conseille d'appliquer une crème hydratante pour apaiser la peau échauffée après le brossage à sec et la douche.

Après cette exfoliation, les effets de ta crème seront en plus décuplés !

LES BIENFAITS DU BROSSAGE À SEC

* stimule le système lymphatique
* aide à éliminer la cellulite
* contribue au renouvellement cellulaire
* exfolie la peau
* stimule la circulation sanguine
* adoucit la peau
* donne de l'éclat aux peaux ternes
* aide à renforcer le système immunitaire
* réduit les toxines dans le corps

La trousse des indispensables make up

Quand on débute dans le maquillage, on ne sait pas toujours quoi prendre et quoi avoir. Je t'ai préparé une petite trousse des indispensables maquillage selon moi. Cette liste est à adapter selon tes goûts, les occasions pour lesquelles tu portes du maquillage, ta carnation de peau et ta colorimétrie.

Pour le teint

- Fond de teint ou BB crème, CC crème, crème teintée avec SPF 30
  Choisis-le selon ta carnation, notamment grâce aux sous-tons et avec un SPF pour protéger ta peau du soleil et du vieillissement cutané.

- Anti-cernes ou correcteur
  Il faut que tu le prennes très légèrement plus clair que ton fond de teint.
- Poudre translucide
  Elle va te permettre de fixer tes produits teints et d'éviter les brillances.
- Bronzeur crème, liquide ou poudre
- Blush crème, liquide ou poudre
  Pour un rendu plus naturel car il fond mieux dans la peau, préfère le format liquide ; pour les peaux grasses, je te conseille de privilégier le fondu poudre qui évitera un rendu brillant.

Pour les yeux

- Crayon à sourcils, poudre à sourcils, cire ou mascara à sourcils
  Choisis-le légèrement plus clair que tes cheveux pour éviter de trop durcir le regard.
- Mascara
  L'indispensable make up par excellence, il existe sous différentes formes de brosse. À toi d'essayer laquelle te convient le mieux. Je te conseille de l'appliquer en zigzag de bas en haut, de la racine des cils à la pointe. Certaines formules permettent de multiplier les couches pour donner du volume sans l'effet paquets.
- Crayon khôl noir et beige
  Le noir te permettra de donner du contraste à n'importe quel maquillage, de faire des fondus smocks et le beige illuminera et agrandira ton regard, surtout pour les peaux plus foncées ou bronzées. J'utilise très peu le crayon blanc ou beige l'hiver, mais j'adore l'utiliser l'été quand je suis bronzée pour donner un coup de frais à mon regard.

- Liner
  Pour les moins aguerries avec le liner, je conseille de partir sur un format feutre, dont la mine est plus stable et plus facile à utiliser qu'avec un pinceau ou un format souple.
- Palette de fards à paupières avec des tons neutres et d'autres plus colorés
  Quelques couleurs peuvent suffire à réaliser de nombreux maquillages différents. Je te conseille d'avoir une palette avec un fard sombre (noir, marron, gris foncé…), et un fard clair pour mettre en coin interne de l'œil et faire des touches lumières. Pour les tonalités intermédiaires, compte au moins trois couleurs pour pouvoir t'amuser à créer différents looks.

Pour la bouche

- Rouge à lèvres nude
  Le rouge à lèvres nude sera facile à porter pour tous les jours.
- Rouge à lèvres coloré
  Choisis-le en fonction de ta colorimétrie, il sublimera ta bouche quand tu auras envie de couleur.
- Gloss
  L'une de mes touches make up favorites. Il redonne du volume et de la brillance, a un côté frais et très sensuel. J'aime particulièrement les gloss avec un effet de transparence en superposition avec du rouge à lèvres nude, ou simplement par-dessus un trait de contour des lèvres.
- Crayon à lèvres
  Le crayon à lèvres permet de redessiner le contour des lèvres, de donner un effet plus propre lors de l'application de rouge à lèvres et d'agrandir le volume des lèvres en dépassant légèrement sur le contour. Pour la couleur, tu peux le prendre de la même que ton

rouge à lèvres, ou avec un léger contraste de couleur pour un effet 90s ultra-tendance.

Matériel

- Pince à épiler
  Un indispensable de la trousse make up qui permet de faire des retouches épilation, mais aussi d'aider à la pose de faux cils.
- Beauty blender
  C'est ce que je préfère utiliser pour mes produits teints liquides, car je trouve le rendu plus naturel qu'avec un pinceau. Il faut toujours humidifier ton beauty blender avant de l'utiliser.
- Pinceaux teint : un pinceau poudre libre assez gros et un pinceau plus précis pour le blush et bronzeur si tu as un format poudre.
- Pinceaux fard à paupières : un pinceau plat, un pinceau estompeur, un pinceau biseauté.

Prendre soin de ses ongles

Quand j'étais petite, mon père me disait souvent qu'on peut analyser quelqu'un en regardant ses chaussures et ses mains. Autant te dire que j'ai gardé ça en tête en grandissant et que je fais toujours attention à avoir des chaussures propres et de belles mains. Et quand on parle des mains, on pense tout de suite forcément aux ongles.

Je vais te confier mes conseils pour avoir de belles mains et entretenir tes ongles, que tu veuilles les garder naturels ou les vernir !

1. La nutrition et l'hydratation au quotidien

Le secret le plus efficace pour de belles mains et des ongles en bonne santé, c'est l'hydratation et la nutrition. Je te conseille d'avoir deux produits, une crème pour les mains et une huile pour les cuticules.

Pose-les toutes les deux sur ta table de chevet et fais de ce geste beauté un petit rituel : le soir, tu mets une noisette de crème pour les mains et tu masses tes cuticules avec de l'huile. Pour les huiles, il en existe plein, mes préférées étant l'huile de jojoba et de ricin (qui est aussi super pour les cils !).

2. S'occuper de ses cuticules

Les cuticules, ce sont les petites peaux qui entourent l'ongle. Avec un bâtonnet de buis, pense à les repousser environ une fois par semaine. L'hydratation et la nutrition régulière vont te permettre de renforcer tes ongles et de ramollir tes cuticules, qui seront plus faciles à manipuler. Tu peux aussi mettre tes mains sous l'eau chaude avant de les repousser.

3. Limer

Pour limer les ongles, il faut aller dans un seul sens. Faire le contraire crée des micro-cassures et provoque le dédoublement des ongles. J'utilise personnellement une lime en verre que je trouve plus efficace, mais tu peux en utiliser une à grains fins.

Limer au lieu de couper avec un coupe-ongles évite de casser et fragiliser les ongles avec le choc.

4. Polir, mais pas trop souvent !

Polir les ongles permet d'éviter les stries et d'affiner la surface pour qu'elle soit plus brillante. Mais cela retire de la couche de kératine et peut abîmer tes ongles si tu le fais trop fréquemment. Alors on évite de le faire plus d'une fois par mois.

5. Bien manger pour prendre soin de ses ongles

Les ongles sont faits de kératine, c'est la matière qui compose la partie dure et translucide.

Pour en produire, ton corps a besoin de nutriments essentiels comme les vitamines que tu peux trouver dans une alimentation riche en fruits et légumes. Ils ont aussi besoin de calcium, de fer et d'hydratation.

Tu peux si besoin te tourner vers des compléments alimentaires spécialement pour les ongles.

6. Commencer par la base

Pour protéger tes ongles avant une pose de vernis, il faut que tu utilises une base. Cela permet aux pigments de mieux accrocher et de moins abîmer tes ongles.

Souvent les bases sont enrichies d'actifs, comme la vitamine E. Cela fera en plus office de soin pour tes ongles, donc pense à ne jamais zapper cette étape.

7. Espacer les poses de vernis

Espacer les poses est très important pour laisser respirer tes ongles. D'autant plus si tu utilises du semi-permanent. L'acétone et le dissolvant agressent l'ongle, et c'est toujours bien de faire une cure sans vernis au moins quelques jours tous les mois.

8. Faire des masques pour les mains et les ongles

On pense souvent à faire des masques pour le visage, mais moins pour les mains. Pourtant, c'est tout aussi efficace ! Tu peux le faire toi-même en laissant appliquer une crème ou un baume assez gras, et en enveloppant tes mains dans une serviette en microfibres chaude et humide.

À faire aussi souvent que nécessaire, une fois toutes les deux semaines si possible.

9. Protéger tes mains et tes ongles

Nos mains et nos ongles sont sollicités tous les jours dans nos mouvements et actions du quotidien, comme la vaisselle ou le ménage. Je te conseille de porter des gants pour protéger tes mains des produits décapants.

Le soin de tes mains et de tes ongles est aussi à adapter aux périodes de l'année, par exemple nos mains ont tendance à être plus sèches en hiver, alors tu peux changer ta crème en prenant une formule plus riche que d'habitude.

10. Le bain des ongles

Quand tu as un peu de temps, je te conseille de faire un bain pour tes mains et tes ongles. Tu peux tremper tes mains dans un bol d'eau chaude pour ramollir les cuticules et ouvrir les pores. Tu peux enchaîner avec un bain d'huile naturelle. Si tu as les ongles jaunes, tu peux ajouter du jus de citron (à éviter si tu as des micro-coupures !).

Les recettes de mamie

Dans cette partie, je voulais te proposer quelques recettes de beauté testées et approuvées, que j'utilise régulièrement et qui permettent aux plus petits budgets de prendre soin de leur peau en piochant dans ce qu'on a potentiellement déjà à la maison.

Comme ce sont des recettes maison, elles ont une date de péremption plus proche, car elles sont sans conservateur. Pense toujours à effectuer des tests d'allergie au creux du coude et derrière l'oreille avant de les appliquer sur le visage ou le corps entier.

Mon déodorant maison

J'ai longtemps cherché le déodorant parfait, efficace et bon pour la santé en grande surface, mais j'ai fini par abandonner ! Soit la composition était parfaite, mais il n'était pas efficace, soit il était efficace, mais avec beaucoup d'ingrédients limites.

J'ai fini par le faire moi-même et, surprise, ça marche !

LES INGRÉDIENTS (POUR 120 ML) :

- **Huile de coco : 6 cuillères à soupe**
- **Bicarbonate de soude : 60 ml**
- **Fécule de maïs : 60 ml**
- **Huiles essentielles (facultatif) : 35 à 50 gouttes (environ 2 gouttes tous les 5 ml)**

LA RECETTE :

1. Fais fondre au bain-marie l'huile de coco.
2. Ajoute la fécule de maïs ainsi que le bicarbonate de soude et les huiles essentielles.
3. Mets le liquide dans un pot en verre fermé.
4. Mets-le immédiatement au frigo.

C'est aussi simple que ça ! L'huile de coco fond à une température supérieure à vingt-quatre degrés, donc pour les beaux jours il faut que tu penses à le mettre au frigo. Ce n'est pas le format le plus pratique quand tu pars en vacances au soleil, mais pour tous les jours c'est magique. C'est une recette très peu coûteuse. Si tu as la peau sensible, tu peux remplacer le bicarbonate de soude par de l'argile blanche. Pour les huiles essentielles, ma préférée pour cette recette est celle de Palmarosa, car elle est connue pour limiter les odeurs corporelles. Bien sûr, les huiles essentielles ne sont pas indiquées si tu es enceinte.

Pour la conservation, évite de dépasser les trois mois.

Concernant l'application, si tu décides de le faire couler dans un format stick, c'est aussi simple que ton déodorant habituel, autrement il suffit de prélever une quantité de la taille d'un petit pois. Avec la chaleur de ta peau, la matière va devenir souple et facile à appliquer.

Masque cheveux

Ce masque permet de gainer la fibre capillaire, d'aider à démêler et de rendre les cheveux plus souples et plus doux.

INGRÉDIENTS :

- **1 grand verre d'eau froide**
- **1 cuillère à soupe de maïzena**

LA RECETTE :

1. Mélange un grand verre d'eau froide et une cuillère à soupe de maïzena.
2. Fais chauffer à feu doux.
3. Remue sans arrêter jusqu'à obtenir une texture lisse.

Il s'applique sur des cheveux mouillés pendant trente minutes avant le shampoing. Il faut le faire une fois par semaine maximum.

Masque cheveux déshydratés

Cette recette va te permettre d'hydrater tes cheveux en profondeur et de booster la pousse !

INGRÉDIENTS :

- **3 verres d'eau**
- **2 cuillères à soupe de riz**

LA RECETTE :

1. Fais chauffer trois verres d'eau dans une casserole et ajoute deux cuillères à soupe de riz quand l'eau est à ébullition.
2. Laisse chauffer trente minutes puis mixe le tout.

Pour l'application, il faut attendre que la crème de riz soit fraîche. Ensuite, tu l'appliques sur tes cheveux humides, des racines aux pointes, en laissant reposer une heure maximum avant ton shampoing. Pour la conservation, tu peux garder le soin une semaine au frigo. C'est un soin très protéiné, il faut donc le faire une fois par mois seulement.

Gommage pour le corps

INGRÉDIENTS :

- **4 cuillères à café de sucre**
- **2 cuillères à soupe de miel**
- **2 cuillères à soupe d'huile végétale**

LA RECETTE :

Mélange les trois ingrédients et applique sur la peau en mouvements circulaires, sans appuyer trop fort. Les grains de sucre vont venir exfolier la peau, quant au miel et à l'huile végétale, ils vont permettre de nourrir la peau.

Gommage pour les lèvres

Une recette maison encore une fois très simple pour prendre soin de tes lèvres, les nourrir et enlever les peaux mortes.

INGRÉDIENTS :

- **2 cuillères à café de sucre**
- **1 cuillère à café de miel**

LA RECETTE :

Mélange deux cuillères à café de sucre et une cuillère à café de miel. Tu peux ajouter de l'huile de coco si tu en as pour nourrir encore davantage. Ton gommage est prêt !

Soin pour les cuticules

Ce soin huile émolliente va nourrir tes cuticules et te permettra d'avoir un rendu propre et de repousser plus facilement tes cuticules.

INGRÉDIENTS :

- **30 ml d'huile d'amande douce**
- **20 ml d'huile de jojoba**
- **30 ml d'huile d'olive**

LA RECETTE :

Verse les trois huiles dans un bol afin de les mélanger. L'huile d'olive va nourrir le contour de l'ongle, l'huile d'amande douce va assouplir les cuticules et fortifier les ongles tandis que l'huile de jojoba va réparer et nourrir.

Je te conseille de l'appliquer avec un pinceau fin ou avec les doigts directement sur tes cuticules, en massant quelques minutes en mouvements circulaires. Tu peux ensuite enlever le surplus ou laisser reposer toute la nuit en couche plus épaisse.

Masque hydratant pour le visage

L'aloe vera est très bonne pour la peau. C'est à la fois apaisant, antibactérien, hydratant et cicatrisant. C'est un masque excellent à appliquer par exemple quand on a un coup de soleil (léger).

INGRÉDIENT :

- **Aloe vera**

LA RECETTE :

1. Découpe ton aloe vera au centre dans le sens de la longueur.
2. Laisse tremper les morceaux d'aloe vera au moins trente minutes dans l'eau pour enlever l'allantoïne qui peut être toxique.
3. Racle avec une cuillère l'intérieur.
4. Applique le cataplasme sur ton visage en évitant la zone du contour des yeux et de la bouche.

Si tu utilises pour la première fois cet ingrédient, pense bien à faire un test d'allergie cutanée dans le creux de ton coude et derrière ton oreille pour vérifier que ta peau ne fait pas de réaction. L'aloe vera est aussi excellente pour hydrater les cheveux.

Sérum pousse des cils et sourcils

INGRÉDIENTS :

- **Huile de ricin**
- **Goupillon de mascara propre**

LA RECETTE :

Applique l'huile de ricin sur tes cils et tes sourcils à l'aide d'un goupillon propre tous les soirs avant de dormir pendant quatre semaines, en évitant tout contact avec les yeux. C'est une huile très grasse alors n'en mets pas trop.

L'huile de ricin a de nombreux bienfaits : elle renforce les ongles, illumine la peau, embellit les cheveux, mais aussi les cils et les sourcils. Elle va venir hydrater les cils et sourcils en profondeur et les fortifier.

Conclusion

GOOD
VIBES

J'ai écrit ce livre comme une bible d'inspiration et de conseils que j'aurais aimé avoir au début de ma vie de jeune adulte, pour m'aider à me sentir bien et confiante dans ma tête et mon corps.

J'espère que mes conseils te permettront de te révéler à toi.

Tester, essayer, recommencer, découvrir et surtout sortir de ta zone de confort sont les clés du Glow Up.

N'oublie jamais que tu as UNE expérience de vie et qu'il faut en profiter à 100 %, ne perds pas de temps à essayer d'être quelqu'un d'autre, tu as tout en toi.

Alors, pars à la recherche de ton moi profond et de ce déclic que j'ai eu moi-même il y a quelques années, celui qui te fera comprendre à quel point tu es précieuse et que tu peux tout faire dans ta vie.

J'espère que la lecture de ce livre sera pour toi un nouveau départ, qu'il te permettra de redéfinir tes priorités et tes buts, de moins tomber dans le piège de la comparaison, et qu'il te plongera à la fois dans l'introspection, mais aussi dans l'action.

Ce livre est le tien, n'hésite pas à y ajouter des notes, à souligner les passages qui te parlent, à corner les pages à ne pas oublier.

Si tu as besoin que je réponde à tes questions, tu peux me contacter sur Instagram @clairelatour. Je serais ravie d'avoir ton avis sur le livre et s'il t'a été utile, n'hésite pas à en parler autour de toi !

2

Remerciements

Sans toutes ces personnes, ce livre n'aurait sûrement pas été possible.

Je remercie Sophie Trem, pour la formidable opportunité d'écrire cet ouvrage et pour tous les bons conseils qu'elle a su me procurer. Garde ce sourire, cette empathie et cette bienveillance toute ta vie.

Merci à Good Mood Dealer et à Guy Tredaniel d'avoir transformé mon rêve d'écrire un livre en réalité.

À Caroline Rolland, pour son soutien et ses conseils avisés sur ce projet.

À Maman, Papa, pour m'avoir donné le goût de la lecture et m'avoir ouvert l'esprit à autant de petites choses ; pour leur soutien dans tous mes projets et pour m'avoir laissée sortir des sentiers battus dans mes choix scolaires et professionnels. Je me rends compte de la chance que j'ai eue de grandir dans une famille comme la nôtre.

À Benoît, mon compagnon, confident et soutien de tous les jours. Le premier Gémeaux de ma vie. Merci pour ta présence, ton écoute et tout ce que tu m'apportes au quotidien.

À ma sœur Céline, pour sa présence et pour m'avoir donné la passion de la mode à travers nos sessions stylisme de Polly Pocket, nos carnets de mode, nos ateliers upcycling et nos dessins. Nos moments d'enfance et de légèreté resteront gravés à vie dans ma tête.

À ma meilleure amie Marie, pour sa fidélité, sa bienveillance, sa simplicité si agréable de nos jours et pour être ma safe place depuis plus de dix ans. La deuxième Gémeaux de ma vie.

À ma famille, Mamie Danielle, Tonton, Mamie Renée, Mamie Yvonne, Papi Maurice et Papi Jacques, pour m'avoir entourée d'amour toute mon enfance et m'avoir permis de me construire dans une famille aimante. Je sais qu'ils veillent sur moi pour ceux qui sont partis trop tôt. Je suis fière de ce sang qui coule dans mes veines.

À mes amis depuis de nombreuses années, Alex, Séverine, Laureen, Marlène, Mélissa, J-C, et à tous ceux qui se reconnaîtront et que je ne peux pas citer sur une seule page, qui font partie de mon cercle d'amis proches.

À tous ceux qui me soutiennent et croient en mes rêves et mes projets, aussi fous soient-ils parfois !

Et surtout à vous, ma communauté sur les réseaux sociaux, sans qui ce livre n'aurait jamais vu le jour, ma source d'inspiration numéro 1.

Enfin, à moi-même, pour avoir su passer par la fenêtre au lieu de la porte afin de réaliser mes projets, pour ma résilience, ma créativité et mon ardeur. Je me souhaite de ne jamais perdre le feu de la passion qui brûle en moi et de garder le phénix comme image modèle toute ma vie.

Table des matières

Introduction 7

Le Glow Up commence de l'intérieur

Pourquoi je ne te souhaite pas d'être « la meilleure version de toi-même » 15
Acceptation de soi : fais la paix avec toi-même 16
Le physique 17
Sois en paix avec toi-même 19

Connais-tu la loi de l'attraction ? 22
La loi de l'attraction en quelques lignes 22
La loi de l'attraction, comment ça marche et est-ce que ça marche ? 23
Comment utiliser la loi de l'attraction dans son quotidien ? 24

Le vision board, une façon d'imager ses projets 29
Comment commencer un vision board ? 29
Quoi mettre dans un vision board ? 31
Quand faire un vision board ? 31
Pourquoi faire un vision board ? 32

L'importance de la gratitude 36
Alors c'est quoi, pratiquer la gratitude ? 37
Comment pratiquer la gratitude dans son quotidien ? 37
À quel rythme tenir un journal de gratitude ? 40

La confiance en soi 42
Les actions du quotidien 44
Le discours que tu tiens 45

La zone de confort, comment en sortir ? 47
Alors concrètement, comment sortir de sa zone de confort ? 49
Pourquoi sortir de ta zone de confort va t'aider à Glow Up ? 50
Quelques idées pour sortir de ta zone de confort 51

Le mindset, késako ? 53
Rester curieuse toute sa vie 55
Apprendre même quand on est adulte 55
Faire preuve de résilience 55

La motivation et l'autodiscipline 56
Les habitudes qui empêchent de Glow Up 59
õ. La comparaison 59
š. La surproductivité 61
ú. Être trop ou pas assez égoïste 61
û. Mal choisir son entourage 62

S'affirmer en tant que femme 65
Savoir prendre des risques 67
Travailler sur sa peur de l'échec 67
Se rendre compte des automatismes de la domination masculine et du patriarcat 68
Reprogrammer son mindset 68
S'entraider entre femmes 68

Bien-être et Glow Up

La règle du 80/20 73
Le sommeil 74
Petit guide de la chambre idéale pour un bon sommeil 76
Et la sieste dans tout ça ? 77

L'activité sportive 77
Le sport, c'est tous les jours ? 81
En combien de temps voit-on les bienfaits du sport ? 82
Je n'ai pas d'argent, comment faire du sport ? 82
À quel moment de la journée faire du sport ? 83
Les étapes pour reprendre le sport 84
Quelques idées de sport selon tes envies et tes objectifs 86

La relaxation, un indispensable bien-être 88
Quels sont les bienfaits de la relaxation ? 88
Alors, comment se relaxer ? 89
La respiration en pleine conscience 89
L'automassage 90
La contraction décontraction 90
S'offrir un moment de vie supplémentaire 90
Les huiles essentielles 91
Le contact physique et les animaux 91
Pratiquer une activité sportive 91
Le grounding 92
Le sound bath 92
La méditation 92
L'auto-hypnose 93

L'alimentation 94
Les bases d'une alimentation bonne pour ton corps 94
Comment appliquer la pyramide alimentaire dans son alimentation ? 96
Quelques conseils pour mieux manger 97

Quels sont les besoins nutritionnels de base ? 98
Mieux consommer : la saisonnalité / les paniers invendus / le bio 98

Le matcha et ses bienfaits 100
Les smoothies, c'est bon pour la santé ? 103
Pourquoi les smoothies ne sont pas tous très sains ? 103
Le guide pour un smoothie bon pour ton body 104
Mes recettes préférées de smoothies 107

Glow Up ton style

La morphologie 111
La morphologie en triangle ou A 112
La morphologie en triangle inversé ou V 113
La morphologie en X 114
La morphologie en rectangle ou H 114
La morphologie en rond ou O 115
La morphologie longiligne ou en I 116
La morphologie en 8 116
Et pour la taille ? 117

La colorimétrie 118
Colorimétrie automne 119
Colorimétrie hiver 119
Colorimétrie printemps 120
Colorimétrie été 121

Trouver son style 121
Quatre étapes pour trouver ton style 124

Comment s'inspirer ? 127
Comment commencer à m'inspirer ? 128

Comment affirmer son style ? 134
La garde-robe capsule 137
Trier son dressing 142
Les uniformes 146
Le mix and match 147
Le layering 151
Les accessoires pour pimper son style 155
La seconde main & l'upcycling 158
La slow fashion 159
La seconde main 159
L'upcycling 160
La location de vêtements 161
Le troc 161

Être à l'aise dans son corps 162

Let's Glow !

Comment fonctionne la peau ? 167
Les types de peau 169
Prendre soin de sa peau : les règles de base 172
Avoir une bonne hygiène de vie 172
Choisir de bons produits de soins adaptés à ton type de peau 173
Avoir une routine 173
Les erreurs à éviter 174
Les bons gestes 174

Prendre soin de son corps 177
Les bienfaits du Gua Sha 177
Le brossage à sec 179

La trousse des indispensables make up 183
Pour le teint 183

Pour les yeux 184
Pour la bouche 185
Matériel 186

Prendre soin de ses ongles 186

Les recettes de mamie 189
Mon déodorant maison 190
Masque cheveux 191
Masque cheveux déshydratés 192
Gommage pour le corps 192
Gommage pour les lèvres 193
Soin pour les cuticules 193
Masque hydratant pour le visage 194
Sérum pousse des cils et sourcils 195

Conclusion 197

Remerciements 201

Achevé d'imprimer en septembre 2022 par la SEPEC en France
Numéro d'impression : 27305220604
Dépôt légal : octobre 2022

PEFC 10-31-1470 / Certifié PEFC / Ce produit est issu de forêts gérées durablement et de sources contrôlées. / pefc-france.org